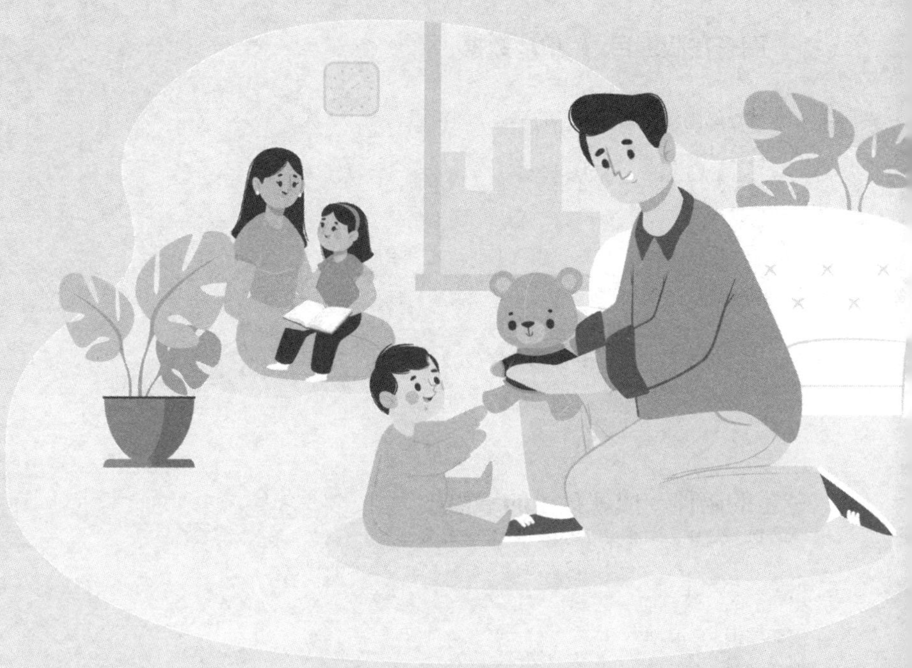

爸爸的陪伴，
成就孩子的幸福

圆爸旭旭 / 著

海天出版社
·深圳·

图书在版编目（CIP）数据

爸爸的陪伴，成就孩子的幸福 / 圆爸旭旭著 . —深圳：海天出版社，2022.7
ISBN 978-7-5507-3430-2

Ⅰ.①爸… Ⅱ.①圆… Ⅲ.①婴幼儿—家庭教育 Ⅳ.① G781

中国版本图书馆 CIP 数据核字(2022)第 042778 号

爸爸的陪伴，成就孩子的幸福
BABA DE PEIBAN, CHENGJIU HAIZI DE XINGFU

出 品 人	聂雄前
责任编辑	朱丽伟
责任校对	熊　星
责任技编	郑　欢
装帧设计	知行格致
特约策划	华文未来

出版发行	海天出版社
地　　址	深圳市彩田南路海天综合大厦（518033）
网　　址	www.htph.com.cn
订购电话	0755-83460239（邮购、团购）
设计制作	深圳市知行格致文化传播有限公司
印　　刷	深圳市新联美术印刷有限公司
开　　本	889mm×1194mm 1/32
印　　张	6.75
字　　数	125 千字
版　　次	2022 年 7 月第 1 版
印　　次	2022 年 7 月第 1 次
定　　价	39.80 元

海天版图书版权所有，侵权必究。
法律顾问：苑景会律师 502039234@qq.com
海天版图书凡有印装质量问题，我社负责调换。

序言

　　由于从事教师这一职业，我天天和家长、学生打交道，和他们的接触或深或浅，与几百个家庭牵连着。

　　我就发现了一个现象：教育的基础是家庭。大多家庭教育做得好的父母，他们的孩子也比较优秀；相反，大多家庭教育做得不到位的父母，他们的孩子无论是学习成绩还是身心健康，都会令人担忧。

　　并且，我发现了一个严重的问题：和我沟通孩子教育问题的，一大半是妈妈；来出席家长会的，一大半是妈妈；孩子写"我的爸爸或妈妈"的作文时，一大半写的是"我的妈妈"。

　　爸爸去哪儿了？

　　这也是我写这本书的原因：我想鼓励爸爸们，多参与家庭教育，品尝育儿的种种艰辛和甜蜜。

我的女儿小圆5岁了。这5年，是我当爸爸之前，从未有过的体验。由于初为人父时的无助和迷茫，我阅读了图书市场上几乎所有的育儿书，也参加了各种各样的育儿沙龙。我慢慢开始知道，原来，家庭教育比当老师难太多了。

教师，是一个职业，是需要持证上岗的。而父母，假如是一个职业，所有人都是无证上岗。做父母，取得资格不难，可是要胜任，却不是件简单的事情。

随着《中华人民共和国家庭教育促进法》出台，家庭教育的作用更加凸显。父母"依法带娃"，要承担家庭教育的主要责任。

爸爸怎么带娃呢？

很多妈妈吐槽自己是"丧偶式育儿"。在孩子成长过程中，有些爸爸是工作太忙，没有时间一起养育孩子，也有些爸爸不知道怎么陪伴孩子，还有些爸爸本身就不喜欢带孩子。

现在，家庭教育倡导夫妻平等育儿，爸爸不再是"男主外、女主内"模式中给家庭提供物质支持的人。新一代的爸爸，需要与妈妈共同养育孩子。无论是什么理由，"爸爸养育"都是必不可少的。

参与到家庭教育中的爸爸，你会感受到：岁月流淌，人将老去，可陪伴，应该是自己内心深处最幸福的吧!

其实，陪伴孩子才是父母最重要的工作，没有什么工作比这一项工作更有价值、更有意义、更神圣了。

孩子也会感受到：如果自己真的爱一个人，那么也会爱其他人，也会爱世界，爱生活。

等孩子长大了，他们也会懂得，是那些温暖的陪伴给他们的人生带来力量和能量，成为他们终身的幸福密码。

看到这本书的爸爸妈妈们，请记住：

家庭教育这条路，你不走下去，就不知道它有多美。

无论途中有多少曲折，只要懂得如何进行家庭教育，便会有花，有蝶，有阳光。

生活很好，我们都会很好的。

目录

第一章

宝贝，你在发光   **001**

生命，斑斓可贵   002

善良，要有牙齿   008

真实，是太阳   014

勇气，是铠甲   020

独立，不是孤独   026

自尊，才能自信   033

第二章

家，是甜的   **039**

让家有归属感   040

赢得孩子的心   045

夫妻关系大于亲子关系   050

和善而坚定的教育   055

开个家庭会议吧   061

爱，是无条件的   066

父母的狠心，藏着爱   072

**第三章
爸爸，站出来** **079**

不是第一，又怎样　　080
不一样，很正常　　086
陪伴，使彼此驯养　　092
真正的爱，亲密有间　　098
别惩罚，按下暂停键　　104
专属游戏　　110
爸爸，对女儿的影响更大　　116

**第四章
抱抱，臭小孩** **123**

孩子们的争吵，别管　　124
父母的愤怒，是把刀　　130
别催，越催越慢　　136
给孩子一个选择　　143
抱抱愤怒的小孩　　148
别做"乖小孩"　　154
"恐辅症"，如影随形　　159

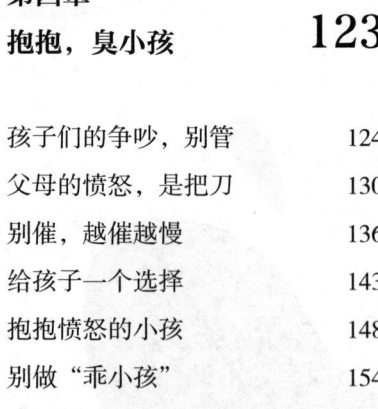

第五章
家，也会有苦   165

"精神分裂"的孩子　　　　166
"鸡娃"，无孔不入　　　　172
对于孩子，再苦也要自己带　177
宝贝，你要弟弟妹妹吗？　　183
养娃，观念大战　　　　　　189
养育焦虑，快走开　　　　　196
产后抑郁，有娃的都懂　　　201

第一章

宝贝,你在发光

生命，斑斓可贵

一切欣欣然，真好，这就是春天。春水初生，春草初长。

我和小圆背靠着背，在落地窗前，席地而坐。

窗外，橘红色的天空，三四颗星星，闪着光芒。

岁月星河，恰巧，我们相遇了。

我转过头，小圆正安静地望着天空，房间里没有开灯，借着月光，她的鼻翼微微翕动，呼出的气息浸染天空，一切都变得温柔、可爱。

"你在想什么呢？"我问。

"爸爸，我在看哪一颗星星在对我眨眼睛呢，它应该就是外公吧！"小圆依旧望着夜空，长长的睫毛向前延伸，就像跳水运动员跳进了银河。这一刻，满天繁星，熠熠生辉。

时光清浅，这么快，小圆5岁了。

我们在一起，发生了这么多苦辣酸甜的事，细小而琐碎，就像五彩斑斓的生命。

失望会有，而时常伴随我们的，是希望啊！

余味苦涩，终有回甘。

小圆出生的第一天，她就住院了，检查的结果是：宫体感染。

最坏的结果是败血症。败血症是什么概念？就是新生儿期致病菌经各种途径侵入血液循环，并在其中生长繁殖、产生毒素而造成的急性全身性感染，病死率很高。

当时医生给我打电话，让我去一趟新生儿病房。

我安慰了老婆，走出产妇病房的时候，两条腿突然像踩在云端一样，整个人晕眩了。

我当时在心里默默念叨："我愿意拿自己的命换女儿的命。"

医生当时和我说，要给宝宝打抗体，风险就是可能会影响孩子的智力。不打的话可能会得败血症。

五雷轰顶。

我说："打！"

大不了养了个傻妞！怎么能让宝宝没了小命，她才刚来到这个美好的世界，还没叫我一声"爸爸"。

平心而论，我没做过什么坏事。

摊上了这事儿，也许是命里的坎，也只能自己给自己打气。而我还要微笑着告诉我的爸妈，告诉丈母娘，告诉老婆：没事儿，都是小事儿。

心里犯怵也要笑着。

我还要安慰老婆，害怕她自责。可是，这一切，没有任何人是错的，我们做了最好的迎接。

然而，我们会无能为力。有时候，事儿选中了你，你就得扛，谁让我是一个爸爸呢，爸爸就要顶天立地，不是吗？

真的。你要是不坚强，眼泪很容易就流下来了。

老婆产后的一个星期，我租了一张小床，和她一同住在病房，不敢胡思乱想。由于是顺产转剖宫产，老婆的心率也只有40的样子，每天还要观察。

那时，我特想问一个问题：命运是不是特别喜欢欺负善良的人？后来，我知道，老天会善待每一个笑着活下去的人。

小圆的外公，在我老婆上大学的时候，因为癌症去世了。

小圆从来没有见过外公，她以前会问我们："人死了，是什么意思？"

我本来想说，人死了就是去天堂了，类似这种大家都会说的美好谎言。

可是我还是想让她知道，人死了，就是不在这个世界上了，我们再也见不到他了，只能看看他活着的时候的照片或视频了。

小圆可能是第一次听到有些可怕的解释，愣了好一会儿，说："哦，死了的人好可怜啊！"

"你看！天空很蓝，太阳很暖，我们爱着，那我们要好好活着，来拉个钩吧！"

"嗯，拉钩！"

我们居住在老小区，在小区的一个角落，停着一辆早已破旧不堪的桑塔纳小轿车。

现在，它有了一个新的功用，就是成了流浪猫的家。车窗有一条十几厘米高的缝隙，正好方便猫儿们随意进出。

傍晚，吃过晚饭后，我和小圆在小区里散步，常常会走到破车旁，来看看这些流浪猫。

小区的其他居民也常常会带一些吃的过来喂它们。大家会把食物放在一次性的碗里，然后放在车底，这种方式，猫儿们会觉得很安全。

猫儿们吃完后，大家会把碗收走，这样就不会弄脏地面，也不怕因为食物过期，猫儿们吃了生病。

我和小圆常常盯着流浪猫，观察它们的一举一动。猫儿们倒也胆大，看见我们不跑也不躲，就顾着自己吃饭。

"小圆，你觉得流浪猫开心吗？"

"不开心，它们没有家。"

"但它们在努力好好活着，对吗？"

"嗯，希望它们会找到它们的家人。"

我和小圆看看彼此，看看流浪猫，月亮朝我们笑了笑。

生命有滋有味，要有一颗浸透人间烟火的心啊。

那天，小圆想要一张贴纸，我说："你已经有好几张贴纸了，不能再买了。"

她开始哭闹，见我态度很坚定，生气地说："反正你们不爱我，让我死掉好了。"

天哪！她居然拿生命来威胁我。我要是真装作不在乎她，让她伤心了，她或许真的会做出一些出格的傻事。

我走过去，张开怀抱，她也抱住了我。我抱着她说："爸爸很爱你，你永远都不要怀疑。但是呢，生命是你的，只有一次，无比珍贵。要是你死了，你再也见不到我和妈妈了，你也不能去看天安门了，也不能当医生了，最惨的是谁？"

小圆嘟着嘴，说她是最惨的。

"那你还会这么说吗？"

"不会了！"

人生会有很多的磨难，当你被暴击，你一定要撑住。这个世界，光明一定比黑暗多。

人生总会有不如意的时候，当你在低谷时，千万别放弃。只要不放弃，就绝不会被打败。

生命斑斓，愿你珍惜。

生命可贵，愿你敬畏。

善良，勇敢，永不妥协，永不轻生。祝你，也祝我。

善良，要有牙齿

生活里有温柔美好，也有鸡飞狗跳。

能够同时拥有善良和反击能力的人，都是生活里可爱的人。

既爱着世界，又能保护自己。

小圆3岁时的某一天，我带她在少儿图书馆看书。正看着，一个比小圆要大一些的男孩子走过来，把我们桌上的书都抢走了，我看她有点不高兴了，就哄她不要和小男孩计较，我们再拿一些书就好了。

可是，那个小男孩就是皮得很，不但把小圆刚刚拿来的书全部扔在了地上，对着小圆的胸口一阵猛推，还冲着我们嬉皮笑脸。

我看得出，小圆在努力克制的小脾气要出来了，她委屈地看着我，似乎在问我，能不能还击？

那时，我没有再劝她克制，而是给了她一个坚定的眼神。小圆便还击，推了一下那个小男孩，小男孩倒在地上，被吓住了。他想不到眼前这个小小的女孩居然这么凶，于是哇哇大哭起来。

场面一下子热闹了，小男孩的奶奶跑过来，抱起他，骂骂咧咧的，指责小圆没教养。其实小男孩从一开始胡乱闹腾，他的奶奶就在旁边看着，没有一点儿要管教她孙子的意思。

生活就是这么狗血，坏人总能理直气壮。

我带着小圆逃离了那个杂乱不堪的现场，要是和那种泼皮吵架，就是令自己无聊了。反正小圆也教训了那个小男孩，不能被白白欺负了还那么忍气吞声，是吧？

咱不惹事，但事来了，咱也别怕。动动脑子，有胜算就硬拼，没胜算就先溜呗。

反正，爸爸陪着你一起拼，一起溜。

很多时候，我们会被生活暴击。

但生活有多残暴，就有多温柔。

亲爱的小圆，你要永远相信，我们一直陪着你。

你不是一个人，无论你今后经历了什么苦难，你的身后都还有爸爸妈妈。

委屈了，别一个人担着，爸爸妈妈的怀抱就在不远处，跑过来就好了。

每个人一开始都是善良的，渐渐地，有些人被现实折腾得有点褶皱。也肯定会有天使，到了深夜，会偷偷地来熨平每一颗受伤的心。

做人需要善良，善良的人容易解决很多事情。

小圆，你今后总会有生活、工作、感情不顺的时候。记住：大家都一样，晚上舔伤，白天微笑，让善良治愈一切困难。

哪怕前面大雨倾盆，善良的人也会在泥泞里玩得满心欢喜。

小圆上幼儿园了，活泼开朗的她，很喜欢幼儿园。放学回来总是和我们说个不停，谁谁哭鼻子了，谁谁打人了，谁谁被老师批评了。

三四岁的小朋友，正是调皮捣蛋的时候，在学校和小伙伴有些小吵架和小争执，我觉得也没什么，挺正常的。

直到有一天，我才反应过来，幼儿园也并非乐园。

小圆上小班的第一学期，是在县城的幼儿园。每天，我爸妈负责接送小圆，而我和小圆妈妈在省城上班，周末就回去看小圆。

有一天，我妈给我打电话，说小圆被班里的同学撞了一下眼角，整个眼眶周围都是乌青的。我和老婆吓了一跳，

第一章 宝贝,你在发光

赶紧通过视频看小圆,确实她的眼眶周围一大片都是乌青的。

我问小圆:"眼睛疼不疼?"

小圆说不疼。

我问小圆奶奶,幼儿园老师知道了吗?

我妈说:"老师知道了,什么也没说,还说小圆的皮肤比别的孩子的嫩,撞了一下就红了。对方孩子的家长也知道了,什么也没说。"

听完之后,我真是又心疼又生气。心疼小圆被别的孩子撞成这样,当时一定疼死了,也不知道眼睛有没有被撞坏。

生气是因为小圆的老师没有让对方家长道歉,还说是因为小圆皮肤太嫩了;还生对方家长的气,自家孩子撞了别家孩子,居然一丝歉意也没有,连句不痛不痒的"对不起"都不说。

凭借做了多年老师和记者的经验,我完全可以手撕小圆的老师和对方家长。

我们善良,你们就想来随意欺负吗?

当时虽然怒火攻心,但我还是忍住了。等周末回县城,我亲自问问小圆是怎么回事。

很快,到了周末,我和老婆回到县城。看见眼角仍乌青的小圆，忍住心疼，抱了抱她，问她那天怎么回事。

小圆说，那天大家都在教室外面玩，她站在一个地方和同学玩，一个男孩突然冲了出来，重重地撞向了她，被撞倒之后，她就疼得哭了，然后有同学告诉了老师，老师就让那个小男孩来道歉。

"他向我道歉了，我也原谅了他。"

孩子的本性是善良的，被撞成那样，她照样也能原谅对方。可我们善良，却遇见不善良的人，那怎么办呢？

我问小圆："他这次没有把你撞瞎，要是把你撞瞎了，一句'对不起'就完了吗？"

小圆说："做任何事情都是要负责任的，犯了大的错误是要被警察叔叔抓走的。"

我对小圆说，如果是她撞了别的小朋友，我们应该一起去给对方赔礼道歉，就算被骂，也是我们的错。

"你是真心原谅他了吗？"

"是的，爸爸，我以后会保护好自己的，我们给他一次机会吧，他也不是故意的，我中午睡觉的时候他还给我盖被子呢！"

"嗯！但是你也有权利不原谅他。小圆，假如你觉得受到了伤害，怎么办？"

"要先自己想办法解决，如果解决不了就告诉老师，如果老师也不帮我，就告诉爸爸妈妈，一起想办法。"

我点点头，在你的成长道路上，你的善良，不可能换来的都是善意，你要能自己想办法，你要能保护自己。

当善良遇见牙齿，就能吃掉所有困难。

愿你眼里藏着星河，笑里带着月光。

用一颗善良的心，一块自我保护的盾，行走世界。

真实，是太阳

小圆呀，你看到自己的小小瑕疵，总会失落，总会自卑。可是别忘了，真实的你，也温柔，也可爱，也闪闪发光。

你在努力成为更好的你。所以放宽心，真实的样子，最美，最亮。

我问小圆："男生可以穿裙子吗？"

小圆犹豫了一下，说："可以的，也有男孩扎辫子。"

于是，我就和小圆聊起了一个故事，有个男孩觉得穿裙子好看，也觉得凉快，于是他穿着裙子去学校了。

紧接着，一场风波在发酵。

同学们很好奇，下课后纷纷围过来。他们说："你穿裙子，就像大树长了尾巴。"

也有男生过来掀开他的裙子，男孩感觉非常不舒服。

最伤心的事情，发生在课堂上。

一个女老师批评男孩穿裙子的行为，说："男孩就要有男孩的样子,怎么能穿裙子!"

几个女生表示反对,认为男孩也有穿裙子的自由,但遭到了老师的驳斥。

最后,穿裙子的男孩哭了。

他觉得老师说的都是对的,而自己穿裙子的行为是错误的。

我问小圆:"这个老师这么做对吗?"

"不对!又没规定说男孩不能穿裙子,他想穿就穿啊。"

我点点头,说:"只要不犯法,也没有违反学校规定,女孩子可以穿男装,男孩子也可以穿女装,他们自己喜欢就好。"

男孩有追求喜好和真实的权利,虽然不是很成熟,但哪个人不是在不断尝试与探索中找到最适合自己的状态的呢?

尊重孩子,相信孩子,给孩子自由。真实的自己,才可能塑造更好的人生。

作为父母,给予孩子最好的爱,不是拼尽全力将最好的都给孩子,也不是费尽心血为孩子铺就一条光明大道。而是尊重孩子的不同,理解孩子的选择,支持孩子的决定,托底孩子的人生。

孩子的个性与品德无关，父母的尊重也不等同于放纵。

父母的尊重，能够让孩子活得真实，有自己的想法，有自己的灵魂，有自己的血肉，也有自己的情感。

这样的孩子，才能立体丰盈，率真洒脱。

阳光被柳条切碎，就会画出小圆的身影。

我和小圆在家附近溜达着，累了，走进了一家蛋糕店。

我们常常来这家店，买一块巧克力蛋糕，因为小圆说就喜欢这款。然后我们在蛋糕店，挑一个靠窗的位置坐下来，一起吃蛋糕。

小圆吃一小部分，剩下的一大块就归我。我会大快朵颐地享用我的美食。

这次我们又选了这款巧克力蛋糕，小圆吃了两口，说饱了，我看她垂着小脑袋，一副闷闷不乐的样子。

我好奇地问："怎么啦，小圆？不好吃吗？"

小圆摇摇头，不说话。

我继续问："你和爸爸是不是好朋友？怎么有事不和爸爸说呢？"

小圆抬起头，眨巴着眼睛，轻声说："我更喜欢吃草莓蛋糕。"

"啊？那你怎么不告诉爸爸？你怎么每次都点巧克力蛋

糕呢？"

"因为爸爸喜欢吃巧克力的，我就想让爸爸吃。"

我一下子说不出话了。难怪，每次去肯德基，小圆都会点草莓圣代，而不是巧克力圣代。

原来我的孩子，为了我喜欢的口味，放弃了自己喜欢的，来迁就我。

我看着小圆，认真地和她说："小圆，喜欢就是喜欢，不喜欢就是不喜欢，不要为了别人来委屈你自己。"

于是，我们俩想了一个好办法。

我们决定，以后轮着买，这一次买巧克力蛋糕，下一次就买草莓蛋糕。这样，大家都可以吃自己喜欢的，也吃了别人喜欢的。如此，两个人都开心了。

小圆，做真实的自己，是需要勇气的。

这个社会，对你有很多要求，不能早恋，不能小气，不能嫉妒，不能懒惰，好多好多呢。

但你不能忽视自己的真实感受，来满足社会对你的要求。

以后，你喜欢谁，做了偷懒的事，嫉妒某个同学，不愿意做某事，这些都是你的真实想法，都可以和爸爸妈妈说。

你可以无所顾忌地袒露自己的心思，呈现自己的脆弱。

不用担心被我们指责、挖苦、否定，因为我们不会这样对你。

你可以流露真实的情感，在外面受了委屈，回到家，就能扑到爸爸妈妈怀里，肆意地哭。

也不用提心吊胆地跟我们假装、讨好、撒谎。

我们要的，是真实而完整的你。

什么是真实？

真实是一种从心灵深处满溢出来的不懊悔，是不羞耻的平和与喜悦。

小圆，我们希望你做真实的自己，因为我们会给你无条件的爱和接纳！

当你面对复杂的社会时，我们希望你有自我保护的能力。

但在最爱你的我们面前，你会有一个卸下防御，拥有安全、放松、自我释放的空间。

你不需要消耗自己更多的能量，来掩饰、伪装，或者讨好我们。人生已经很辛苦了，你应该把更多的精力放在探索生命、建设自己的人生上。

真实，如同太阳般明亮，虚假的自我是没有生命力的。

我们平常说，挑战自我、完善自我、超越自我，都必须建立在做真实自我的基础上。

你要爱自己，要跟随自己的内心。做真实的自己，按照自己的节奏去生活。只有爱自己，才不会依赖别人来爱自己，才不会向外索爱。也就不会太在乎别人的评价，让自己的情绪被他人左右。

只有活出真实的自我，接纳不完美的自己，才会更有力量！

在生活的万般刁难下，留住真实。那你就是胜利者！

勇气，是铠甲

做一颗向日葵，勇敢地面向太阳。

小圆是个调皮的孩子。3岁的时候，她从楼梯上摔了下来，把额头磕破了。当时，地上都是血，我们吓坏了，赶紧给她止血，然后去医院缝针。

好多小孩在小时候不是摔了这里就是磕了那里，仿佛不破点皮、出点血，就不会长大。

我记得我小时候，从床上跳下来，结果把膝盖磕破了，疼得死去活来。去医院的路上，疼得哇哇大哭，最后被大人按着，缝了三针。

我抱着小圆，手上都是她的血，开车赶到医院挂了急诊，医生说得缝针。

我对小圆说："一会儿医生叔叔会帮你把摔破的地方补一补，你要勇敢，忍一忍，不能乱动，不然会补得很难看的哦。"

小圆点了点头。她躺了下来，我按住她的头，我老婆按住她的手。

医生缝的时候,她开始哭了,我们心疼地安慰她:"忍一下,一会儿就好了。"

大约二十分钟后,小圆的额头被缝了三针,用纱布包着。

医生夸小圆:"小朋友,你真勇敢,所以叔叔很快就补好了。"

我心疼地看着小圆,她依偎在我怀里,脸上的泪痕也渐渐风干了。

"爸爸,我勇敢吗?"

"嗯,医生叔叔也夸你勇敢呢。"

"可以奖励我一颗糖吗?"

"好,奖励给勇敢的小圆。"

小圆上幼儿园小班的下学期,我和老婆想把她接回省城,在我们身边上幼儿园。

小圆才适应了县城幼儿园的老师和同学,一下子又要换一个陌生的环境。我们有些担心她会不太适应。

之前,我们也一遍一遍地和她说:"小圆,爸爸妈妈好想你,希望你可以在我们身边。"

她总是说,会想念县城的小伙伴。但她也愿意在我们身边。

小圆来到了新幼儿园,刚开始的一个星期,我和老婆挺担心,怕她会各种不适应,担心她会哭鼻子,担心她不愿意去上幼儿园了。

我们也麻烦老师多留心,有什么情况及时和我们说。

结果,有些出乎我们的意料,小圆挺适应新环境的,回来也会和我们说新学校的一切,会说和之前学校的区别。

她依旧还是那个活泼开朗的小朋友。

"小圆,你不害怕新老师和新同学吗?"

"不怕啊!他们都挺好的,而且我是个勇敢的人哪!"

可能是因为小圆乐天的性格,也可能是新幼儿园老师的关照,还可能是她交到了新的好朋友,她很好地融入了新的环境。

她比我们想象的,要勇敢。

有一天,小圆和我说,他们班有一个小男孩,特别喜欢打人。

其实,这挺平常的。我当老师的时候,班里也总有一两个特别淘气的学生,喜欢欺负班里的其他同学。

这些孩子,要么在家里也是被打,要么想得到同学们的关注,所以他们用这种方式来和同学们相处。

其实这些孩子的内心，挺孤独的。

小圆说，他打了很多同学，经常被老师批评。

我问小圆："那他打你的话，你怎么办？"

"我会很凶地告诉他，不能打我，你再打我，我会打回去的。"小圆提高嗓门回答我。

"那个男孩这么喜欢打人，你不怕他吗？"

"我怕他的话，他更要欺负我了。"

小圆确实不是好惹的，我看见她发火的时候，有很大威力，和小老虎似的。

我也和小圆说："遇见这种喜欢打人的同学，就离他远一点，如果他来欺负你，你就凶狠狠地警告他。如果受伤害了，就要马上告诉老师和爸爸妈妈。"

孩子需要鼓励，就像植物需要水。

只有蹲下来，用孩子的视角去看他们的世界，才能找到正确的鼓励方式。

孩子需要鼓起勇气，但更重要的是，爸爸妈妈要学会鼓励。

父母正确地鼓励孩子，是引导孩子鼓起勇气的关键一步，这就是鼓励的力量。通过鼓励，让孩子感受到连接，感受爱，加强孩子内心的力量。

每个孩子在直面困难时，都会经历这个阶段，当他们迈开步伐，就会发现：比困难更难的，是鼓起勇气，而不是困难本身。

在人生的旅途中，无论何时何地，不可或缺的一样东西，就是勇气。

生命承载着欢笑和泪水，我们需要向困难发出挑战，战胜和超越自己，生活才会更加充实，更加精彩。

记忆中的光，多一点勇气，就会亮一些。

孩子在成长的道路上，勇气就是保护他们的铠甲。

长期生活在关爱和保护下的孩子，习惯了保护伞的呵护与安排，明知外面的世界很精彩，自己也很想去看看，可是很害怕日晒雨淋，很害怕承受失败。长期的依赖，让孩子丢掉了原本的胆识和勇气。

失去了勇气的孩子，往往不敢接受新的挑战，也就失去了很多探索世界的机会。

父母无法代替孩子去生活，但能够帮助孩子鼓起面对生活的勇气。

孩子会对还不了解的这个世界有些恐惧，父母就做好自己的角色，和孩子一起聊关于勇气的故事，帮助他们克服恐惧，迈出勇敢的一步。

在哪里打磨，就在哪里闪耀。

勇气让孩子不妥协，不懦弱，追求热爱，追求真理。

独立，不是孤独

小朋友，真的特别会"欺软怕硬"。为什么这么说呢？

我妈带小圆的时候，晚上睡觉时，小圆要奶奶哄着抱着，才能入睡。

睡着之后，她也不会管自己有没有盖好被子，因为奶奶在半夜会无数次地帮她盖被子，她根本不用担心自己着凉，也不会心疼奶奶一晚上没睡好。

回到我们身边后，她和我们一起睡。我老婆和小圆说："小圆，晚上你自己不盖好被子，感冒的话，就只能去打针了。"

因为小圆知道，她妈妈不像奶奶那样晚上会不停地帮她盖被子。她妈妈睡得熟，可是醒不来的。于是，睡觉的时候，她总是把被子盖得很好。

小圆会自己盖被子之后，我们让她做好一个人睡觉的准备。

假如准备好了，和我们说一声，她一个人就睡在小房间。

如果做到了,我们会颁一块"独立睡觉奖"的奖牌给她,还要举行"隆重"的颁奖仪式,并颁发礼物。

小圆也信心满满地和我们说,她一定可以做到一个人睡觉。

总有一天,孩子要独自打"小怪兽"。

一天,小圆和我们说:"爸爸妈妈,我今天准备好自己一个人睡觉了。"

我们之前和她说过,自己一个人睡觉的意思呢,就是她自己在小房间里,给她准备一个小夜灯,用故事机给她播放一个小故事。

但我们都不在房间里,而是在客厅里。假如她有事情,可以喊我们。如果一个人睡觉成功,可以得到奖牌。

小圆做好了一个人睡觉的准备,过了一会儿,她在房间里喊:"妈妈,我有点害怕。"

我老婆就在门口,轻轻地对她说:"小圆加油,小圆加油!"

然后她又喊:"爸爸,我想喝水。"

我就在外面对她说:"水在床头柜上,你自己喝哦,我就在外面,你不要害怕,快睡觉啊。"

这样来来回回，她喊了很多次。我们来来回回也回答了很多次，最终她睡着了。

第二天，她醒来，跑到我们房间，开心地和我们说，昨天她一个人睡觉，觉得自己好厉害，好棒！

我们也高兴地说："你做到一个人睡觉了，你太棒了。"

起床后，我们要给小圆举行"隆重"的颁奖仪式。

我播放颁奖的音乐，宣读小圆是怎么克服恐惧，做到了独立睡觉的。

然后，请小圆登上高高的沙发，由妈妈为她颁发"独立睡觉奖"奖牌，还给她颁发了获奖礼物，是她喜欢的贴纸。

仪式在我们的掌声中结束。

之后，小圆基本上是独立睡觉，她还和小伙伴说，她已经独立睡觉了。听得小伙伴也很羡慕，觉得她好棒，都快成为他们的偶像了。

"小圆，一个人睡觉，你怕吗？"我问小圆。

"不怕啊！我在长大！"她骄傲地说。

小圆很喜欢尝试做家务。

打鸡蛋是一个很适合她干的活。她总是认真地看着我和她妈妈如何打鸡蛋：拿出鸡蛋，在桌子上敲一下鸡蛋，然后用两只手把蛋壳轻轻地掰开，让里面的蛋液流在碗里，再用筷子搅拌。

打鸡蛋的时候，小圆特别小心翼翼，打了好多下，鸡蛋也没有破。让她大力一点，然后她就"嘭"的一声，太大力了，蛋液流在了桌上。

练习的时间久了，她打得越来越好，能做到将蛋液和蛋壳完美分离，不会在蛋里吃到蛋壳了。

她搅拌得也很均匀，我说她是"大厨"，她说，以后还要学做菜呢。

她也尝试叠自己的衣服。一开始，她总是把衣服叠得像一个球。我就笑她，说："你这样叠的衣服，皱巴巴的，人家还以为是捡来的呢。"

她就不许我笑她，又一次次地学着叠整齐，后来也叠得像模像样的了。

对孩子而言，慢慢离开父母的怀抱，走向独立，是一件再正常不过的事。

就像每一种植物都会随着时间开花结果一样，是我们无法阻挡的自然规律。

不阻碍孩子的独立，也不过早地强迫孩子去独立，追随孩子成长的脚步，是对孩子最好的呵护。

时光如白驹过隙，小小的宝贝终将长成少年，他们一步一步挣开我们的手，走向属于自己的世界。

而在童年里得到的爱越多，他们的内心也越丰盈，个性也越趋于稳定。

无论境遇如何，他们将从这一切美好的童年经历中获取能量和动力。

独立与纯真，从来都不是对立面，它们是可以一起存在于一个人身上的两个闪光的品质。

父母多么希望，自己的孩子能够在长大之后，不仅拥有独立面对世界的能力，更拥有一颗能够始终发现世间美好的赤子之心。

懂得"分离"的爱才是真爱，父母也需要主动地与孩子分离，这样，孩子的人格才能成长。

这是孩子成长的自然规律，父母需要明确界限，逐渐放手。

教会孩子独立做事、思考、为自己的行为负责任，这才是真正爱孩子，为孩子的人生负责。

真正的独立，是孩子即使离开父母，也能掌握自己的生活，靠自己就能做出正确的决策，并为自己的行为负责。

大家肯定遇见过这类人：虽然能够生活自理，但自己无法应对困境，依赖性特别强，闯了祸只会逃避，让别人收拾残局。这些人的身体已经长大，但心理上却是"巨婴"。

一个人之所以不独立，往往和他自身没有关系，而是父母的教育行为、家庭环境出了问题。

要么家长太强势，不给孩子做主的权利；要么孩子被溺爱，从小的每个行为都被安排好。

父母平时可以做一些事，做好和孩子分离的准备，从而培养孩子的独立。

要舍得"用"孩子。给孩子动手做事的机会，包括自己吃饭、穿衣、叠被子、整理书包，做力所能及的家务，锻炼孩子的自理能力。

不要怕孩子受伤、犯错。在安全范围内，多给孩子尝试、探索的机会，比如学骑自行车、参加夏令营、比赛、上学住校、去外地旅行等。

鼓励孩子做决定。遇到非原则性的问题，多尊重孩子的意愿，让孩子自己承担责任，父母可以给意见，做到不事事干涉。这样，孩子才能在实践中收获属于自己的人生经验。

从始至终，父母都需要明确，孩子是孩子，自己是自己。

父母只是陪伴孩子一段旅程，在必要的时候提供援助，而不是孩子人生的规划师。

孩子的人生路，还是需要他们自己，一步步地走。

孩子独自前进，内心饱满充实，抬头间，便能看见满天繁星。

自尊，才能自信

王子和公主有烦恼，就是会忍不住发发脾气。

那王子和公主在公共场合无理取闹，要不要教训一下呢？

我常常看到，在饭店、机场、地铁站、公园等地方，小孩在哭闹，大人在旁边大声地训斥，还有些大人直接开打。

确实，不要低估小朋友们的杀伤力，他们很容易让大人的血压升高，气血攻心。

有一次，我和老婆带着小圆，三个人去吃比萨，我和老婆点了一个套餐。等餐的时候，小圆看见旁边的小朋友在吃冰激凌，直勾勾地看着人家。

上餐之后，小圆说没有冰激凌，就开始大哭起来，边哭边喊："我要冰激凌。"旁边桌的人都看着我们，看着这个发疯的小孩。

一开始，她骂我们，然后丢餐具，就是一副熊孩子的模样。

我有点动怒了,真想好好教训一下这个臭孩子。

我和老婆克制着情绪,一起安抚小圆的情绪,并和她说:"我们已经点了很多吃的,再点其他的,就浪费了,而且我们带的钱不够了,买了冰激凌就不能买好看的贴纸了。"

渐渐地,她平复了情绪,和我们说:"今天不吃冰激凌了,以后再吃吧。"于是我们开心地吃起了桌上的东西。

心里藏着小星星,生活才能亮晶晶。

一天,我和小圆一起看动画片《冰雪奇缘》。

小圆说:"艾莎公主好漂亮啊。"

我问她:"艾莎哪里漂亮?"

小圆回答:"她的裙子太好看了,而且她很勇敢。"

我问小圆:"大眼睛好看还是小眼睛好看?"

小圆答道:"大眼睛好看,小眼睛也好看。"

我接着问:"高鼻子好看还是塌鼻子好看?"

小圆接着回答:"高鼻子好看,塌鼻子也好看。"

她这么回答,我倒也不奇怪,她总有自己的看法。

我又问:"那你觉得自己好不好看?"

"我当然好看啊!"

其实,从大众审美视角看,小圆算不上漂亮的小姑娘。眯眯的小眼睛,塌塌的小鼻子。

这又怎么样呢?可爱又自信的小姑娘,谁又会觉得不漂亮呢?

长得和瓷娃娃似的,可是没有自信,觉得自己一无是处,还不是照样不能获得快乐和幸福吗?

小圆总喜欢跟着爷爷一起溜达。

夏天的时候,小圆穿着一件小背心,爷爷让她换一件衣服,一起出去。

小圆开心地拿了件衣服,换了起来,可是没穿好,衣服卡在身上,下不来了。

爷爷过来帮小圆,碰到了小圆的小肚子。

小圆马上严厉起来,对爷爷说:"你是男生,不能碰我衣服里面的身体。"

爷爷笑了起来,说:"我是你爷爷,爷爷也不能碰吗?"

小圆依旧很严肃,非常认真地说:"对啊,男生都不能碰。"

爷爷只好识趣地走开了。

小圆继续穿衣服,扭着身体,扯着衣角,终于把衣服穿好了。开开心心牵着爷爷的手,一起出去玩了。

自尊感强的人，对自己的评价就高；自尊感弱的人，对自己的评价就低。

那些自尊感强的孩子，会主动地去选择自律。

孩子的自律不是天生的，也不是学出来的，更不是被逼出来的，而是从自尊心里生长出来的。

有一颗自尊的心，孩子就有充分的安全感，内心充盈，情绪稳定。

有自尊的人，遇到困难，会想办法解决，也有勇气向他人求助。

有自尊的人，会不忘初心，始终保持着纯真和善良。

有自尊的人，会不怕犯错，也能从错误中吸取经验与教训。

有自尊的人，能够遇事不逃避，自主性和适应性都很强，也能为自己的事情负责。

有自尊的人，脑子灵活，反应敏捷，古灵精怪，不露怯，善示弱，还能整合手头的各种资源。

有自尊的人，既能看到自己的长处，又能接纳自己的短处，并且还有勇气面对自己的短处。

清风十里，星河万顷。

没有什么比让孩子拥有一颗有自尊的心更重要。

世界上除了心理上的失败,没有真正意义上的失败。

孩子成长需要两个基本要素:一个是爱,一个是安全感。

安全感来自父母的陪伴,父母对孩子仅有爱还不够,还应该在陪伴中了解孩子、读懂孩子,与孩子一起共享喜怒哀乐,与孩子产生共鸣,在共鸣中培养孩子的独立思考能力。

孩子不能选择出生,不能选择家长,甚至不能选择老师。父母只有培养孩子的自信、自尊,才能帮助他们立足于世。

生活中,父母不要忽视自己的孩子。被忽视的次数多了,孩子会自卑和叛逆。在任何情况下,父母都要保护孩子的自尊不受伤害,这样才能发掘孩子的潜能。

家庭环境越宽松,孩子体验成功的经验越多,就越有出息。

父母不需要博古通今,只要通情达理,就能激发孩子的潜能,唤醒孩子内心的强大。

孩子就像一棵小树,迟早要经历风雨。但最初使他们成长起来,并长到足以对付恶劣天气的,一定是阳光、空气和水,而不是拔苗助长。

一生中，孩子一定会遭受打击。残酷是未知的，但只要父母保护了孩子内心最初的火焰，孩子的那颗自尊的心，足够给自己温暖和希望，再残酷的现实也无法击垮他们。

生活是无常的，能让孩子在困境中坚持下来的，一定是他们对生活的热爱和对未来的希望，一定是他们的那颗自尊、自爱、自强的心。

第二章

家，是甜的

让家有归属感

小圆难过的时候,会一边用手比画着,一边说:"我生气了,我有那么大、那么大的生气。"

哈哈,连生气都那么可爱呀。

然后,我就会抱抱她。她就说:"抱抱,用力抱着我。"

她就不生气了。

也许,大人的世界和小孩的世界都一样吧。有时候,一个拥抱的力量会抵过无数安慰的语言。

如果一个拥抱不够,那就一家人一起抱抱。

从前,小圆安慰我说,生活很苦,但楼下的超市有棒棒糖。

后来,我才知道,这句话后面还有一句:并不只是因为糖很甜,还因为吃完以后,可以变得棒棒的。

一家人在一起,就是吃了棒棒糖,我们的生活都会又甜又棒。

第二章 家，是甜的

那天我妹妹来我家玩，带来了我的小外甥，他和小圆的年纪差不多。

两个小家伙在一旁玩玩具，我们几个大人在沙发边聊天。当然，大部分的话题也是围绕孩子。

大家在一起愉快地待了一整天，我也庆幸两个小家伙相亲相爱，没有发生争吵。可就在我妹妹带小外甥准备离开时，战争还是爆发了。

两个小孩这一整天都在玩超级飞侠的玩具，两人玩得可高兴了。小圆平时特别喜欢玩超级飞侠的玩具，和我出去玩的时候，也会带上一个。有一次，她把一个超级飞侠的玩具忘在了公交车上，回家后哭了好久，念念不忘。

临走时，小外甥想带走一个超级飞侠，小圆不肯，于是他们俩的战争爆发了。一个一定要，一个死活不给。我妹妹也劝我小外甥，说玩具是小圆的，小圆不同意，就不能带走。

我爸妈赶紧打圆场。在他们的观念里，小外甥是客人，小圆应该大方一点，他们劝小圆把超级飞侠给小外甥。

小圆很委屈。我和老婆都看着小圆，这个时候不维护她，她该多失望，她是那么喜欢那个超级飞侠。

我站了出来，把两个孩子拉到身边，对他们说："我有办法，让你们都有超级飞侠，不哭了。"他们慢慢停止了哭闹，一起看着我。

"舅舅给你买一套全新的，过两天就到你手里了，好不好？"小外甥点点头，也很开心。

小外甥离开后，小圆紧紧抱着我，对我说："谢谢爸爸。"我刮了一下她的小鼻子，我们俩开心地笑了。

小圆很喜欢背我和我老婆的手机号码。

我问她："你干吗总是背我们的手机号码？"

她说，她要是走丢了，可以告诉警察叔叔，让警察叔叔打电话找我们。

我就和她说："要是你能遇见警察叔叔，那应该就可以找到爸爸妈妈了。假如，你被人贩子拐到了其他地方，人贩子把你卖给了别人，他们肯定不会帮你找爸爸妈妈的，也不会帮你打电话，那你怎么办？"

小圆瞪大了眼睛，很用力地说："我肯定要找到你们的，我会想办法找你们的，你们也一定要来找我。爸爸，你听到了没有？你们一定要找到我。"

我用力地点点头，我们是一家人，我们永远不会放弃彼此。

我曾看过一本小说，叫《杀死一只知更鸟》，书中阿迪克斯的妻子，在生第二个孩子的时候不幸难产去世，只剩下阿迪克斯和两个孩子，但阿迪克斯并没有因此忽视对子女的教育，而是耐心教导。

阿迪克斯很少对子女说教，他总是用自己的幽默感教孩子明辨是非，让孩子自己感受这个世界的美好与丑陋。

一个生长在被尊重的家庭里的孩子，对家始终有一份感情的寄托，有浓烈的归属感。

不管在哪，他们的内心都有所依。因为有家，他们不再是孤独的旅人。

一个在充满情绪暴力的家庭里长大的孩子，一生都会缺少内心的归属。因为他们在最渴望爱的年纪，缺少了爱的抚慰，就奠定了他们对家冷漠的基调。

"三岁看大、七岁看老"，实际上是有科学道理的。

在孩子三岁之前，家庭所能给予他的归属感、安全感，在某种意义上，会塑造他成年之后的幸福感。

从这一意义而言，归属感是存在感和成就感的核心，它决定了孩子的内核和成为什么样的人。

幸福的家庭都是相似的，不幸的家庭各有各的不幸。

对于孩子来说，没有什么比一个充满温馨感、归属感的家庭更让他们觉得幸福，也没有什么比父母的爱和理解更让他们的内心安稳。

当孩子拥有强烈的归属感和明确的存在感，一个念头就会在他们的心里愈发强烈："我要变成什么样的人？"

随着年龄的增长，孩子会有自己的价值，找到自己的优势，从而成为那个独一无二的自己。

没有家庭归属感，陪伴就只是形式，没有温度，孩子就不会拥有生动的生命。

因为，归属感既能托起孩子，又能给孩子托底。

一个常常被尊重、被鼓励、被肯定的孩子，一个对家庭有归属感的孩子，走出家门，他们可乘风破浪；回归家庭，他们能敬长爱幼。

他们想到家，阳光温暖，云朵可爱，风吹过来都是甜的。

赢得孩子的心

大学毕业后,我刚当老师时,面对调皮捣蛋的学生,为了拔高自己的地位和尊严,我都是采取高压政策。

我想怎么样,就会让学生按照我的要求,做成什么样。对我来说,我要的是结果,他们怎么想,我不在乎。

别的老师看到我们班的学生又听话成绩又好,都说我管理有方。可有一次,我在街上看见几个自己班的学生,他们也看见我了。然而,他们一溜烟地跑了。

他们不爱我,而是怕我。

我看似赢了他们,因为他们对我言听计从,但这只是因为恐惧而顺从。

然而我没有赢得他们的心,没有真正地和他们站在一起,没有给他们平等和尊重,更没有给予理解和包容。

落日归山海,山海藏深意。

做了爸爸之后,我的心,似乎变得柔软了很多。

不管是和学生,还是和女儿,我都想赢得他们的那颗心。

小圆在县城上幼儿园小班的时候,我和老婆都很想她,想让她转学到省城来上幼儿园。小圆已经是有感受、有想法的小朋友了,我们要和她聊一聊,问问她愿不愿意。

她很纠结,一边是喜爱她的爷爷奶奶和熟悉的幼儿园小伙伴们,一边是她想生活在一起的爸爸妈妈。

我和老婆对小圆说:"爸爸妈妈很希望你在我们身边,你在新的幼儿园也会交到很多好朋友的,而且每个周末我们都可以回来看爷爷奶奶。"

小圆一开始没有答应,我们也不会强硬地让她听从我们的决定。只有她内心真的愿意了,她才会在新的环境里觉得舒服和开心。

我们每个周末回县城,都会好好地和她聊,希望她到我们身边来。

最后,小圆答应了,她还安慰爷爷奶奶,说她每个周末会回来看他们。她也和她的小伙伴们提前告别,说以后会回来看大家。

她愿意了,整个人都是明媚的。

小圆来省城后,糖糖成了她最好的朋友。糖糖住在我们楼上,而且她们还在一个班。每天放了学,她俩总会在外面一起玩一会儿。

春天了,有一次放学后,两个小朋友很想去放风筝。小圆对我说:"爸爸,我们家不就有风筝吗?我们和糖糖一起去江边放风筝吧。"

糖糖奶奶问糖糖,要不要和我们一起去放风筝。糖糖高兴得一蹦三尺高。我拿了风筝,带着两个孩子,在江边放风筝,还遇见好多小圆幼儿园的同学,我们还一起玩老鹰抓小鸡的游戏。

很多家长都站在一边,看着我们玩,就我一个大人和孩子们玩成一片,江边的人来来往往,有一些骑自行车的人,小朋友们爱乱跑,我还得保护他们不被自行车撞着。

天快黑了,我们也收起了风筝,打算回家。小圆问糖糖:"开心吗?"糖糖说:"好开心啊。"

小圆骄傲地说:"我爸爸可好玩了,下次我请你再和我爸爸一起玩。"

我笑着对她俩说:"你们俩也都很好玩,而且我发现你们玩的时候都很注意安全,还知道关心旁边的小朋友,特别棒。"

我们三个人手牵手,说说笑笑地回家了。

天色暗成淡蓝,远处小山叠叠,家家户户的灯光亮起,熏红了晚霞。

小圆和我说，糖糖很喜欢我，说我真好玩。我也很开心，还能让小圆的朋友喜欢我。

只要和小朋友平等友爱，他们就能感受到，也会回馈他们的爱。

世界上没有什么真正的感同身受，只有自我体会。

平时生活中，遇到孩子生病，家长就急急忙忙地带孩子去医院，医生简单开了些药，说并无大碍。

一周过去了，孩子没有好转，家长很着急，担心情况会更加糟糕，于是又带孩子来到医院。医生看了看，说比上次好多了，不用担心，继续吃点药就会完全好。家长悬着的一颗心放下了。

家长高兴地告诉孩子："不用担心，医生说没事的。"

孩子说："我本来就不担心，是你在担心。"

是不是有种皇帝不急太监急的感受？

感受是家长的，还是孩子的？

有一种冷，叫作你妈觉得你冷。

家长觉得孩子在天寒地冻中行走，其实很有可能孩子真实的感受是赤日炎炎呢。

家长不要把自己的感受强加在孩子身上，误以为孩子也拥有同样的感受。

爱她是如她所是，而非如我所愿。

赢了孩子，是我们用高高在上的地位，压制、恐吓、辱骂，战胜了孩子；而赢得孩子的心，是以和善而坚定的态度对待孩子，相信孩子有能力与大人合作，并贡献他们的一份力量。

这需要大人给予孩子大量的鼓励，并要花时间训练孩子的基本技能。

赢了孩子，孩子会心服口服吗？孩子会变得更好吗？孩子接受到的如果都是斥责、羞辱、否定、冷战、惩罚之类，他们能拥有健全的人格吗？

他们只会是暂时地听话，却将天性埋葬。

而赢得孩子的心，才能获得孩子心甘情愿的合作，才能彼此好好沟通，孩子才愿意朝着美好的方向走下去。

"爸爸，我喜欢和你一起看落日。"

因为我知道，我们的心紧紧依偎，我们一起看落日，比落日本身更美妙。

心在一起，生活就会像吃棒棒糖一样，每一口都是幸福的。

夫妻关系大于亲子关系

生活明朗,万物可爱。

每天的共进晚餐,是我们三个人的欢乐时间。

我们每个人会介绍当天发生的奇妙或者好玩的事情,或者聊一聊当天的新闻。

通常的情形是,我和老婆聊得不亦乐乎,小圆总是插不进话,然后她会气鼓鼓地问:"妈妈,你更爱爸爸还是更爱我?"

我老婆总是乐呵呵地回答:"当然是爸爸啊,然后才是你,他是我老公,要陪我到老的,你以后会有自己的生活,会有自己的老公。"

小圆觉得有些伤心,我和老婆都温柔地和她说:"我们也很爱你,因为你是我们的宝贝。"

她好像明白了,会在我们说话的时候发表自己的观点。我和老婆常常觉得她的想法特别有趣,就会哈哈大笑,然后她也跟着我们笑得很开心。

第二章 家，是甜的

我老婆辞职后，考了心理咨询师，一边做心理咨询，一边在家带小圆。小圆和妈妈待的时间比较长，所以她更喜欢妈妈。

有时候我挺吃醋的，这么心爱的女儿并不和我最亲，总是和她妈妈更好。我常常想把女儿的爱夺过来。

我和老婆开玩笑打闹时，我会装作被老婆打疼了，嘴里发出"哎哟、哎哟"的叫喊声，小圆过来看发生了什么，我就会装得更起劲了，"好疼啊，小圆，你妈妈打我！"

不知道小圆是心疼我，还是出于她的正义感，她就会很大声地说："妈妈，你为什么打爸爸？"

我老婆说，她没有打我。

我便说："就有，就有，小圆你看，都被打红了。"

小圆瞥了我一眼，笑呵呵地说："爸爸，你别装了，妈妈才不会打你呢。"

在她的眼中，爸爸妈妈是不会打架的。

我和老婆偶尔会吵架，而且我们吵架能力都属于黄金级别，一旦开吵，那绝对是天雷勾地火，火星撞地球。

但我们不会在小圆面前吵架，不然，那得有多恐怖啊。

夫妻关系都会开花结果，不仅影响孩子的一生，也决定孩子的一生。

孩子要是看见父母吵架，受伤最大的就是孩子，爸爸妈妈狰狞的面目在孩子的脑海中是久久不能散去的。

这种恐惧会深深刻在孩子的心里，成为无法愈合的伤痕。

爸妈吵架的时候，孩子又怎能置身事外？孩子会消耗很多精力去揣测大人的想法，或者担心自己的处境是否安全。

我也在修炼，多包容老婆，多理解她，好好沟通，不争吵。无论是对夫妻关系还是亲子关系，更是对自己，这都是一种温暖的力量。

如果夫妻眼里只看到孩子，看不见婚姻中的自己和配偶，孩子没见过父母恩爱的模样，就会把这种模式复制到自己未来的婚姻中。

如果夫妻关系是家庭核心，拥有第一发言权，那么这个家庭就会稳如磐石。

相反，如果亲子关系凌驾于夫妻关系之上，就会产生两个问题：一是糟糕的婆媳关系，二是严重的恋子情结。

我身边的好多朋友，之前喊对方是"老婆""老公"，有了孩子之后，就变成"孩他妈""孩他爸"，一起调整的，还有内心的态度和爱的排序。

孩子生病了，老公回家对孩子嘘寒问暖，却把因照顾孩子而累了一整天的老婆晾在一边，甚至还会责备老婆"连个孩子都看不好"。

孩子过生日，妈妈会给孩子准备生日派对，而到了老公过生日，随随便便对付一顿，还有些老婆都不记得自己老公的生日。

"为了孩子"，成了很多婚姻维系的理由。

爱的排序变了，两颗心的距离就会越来越远。

曾经，我们以为把孩子放在"第一位"好好爱护，孩子就会幸福成长。

我们深爱孩子，将孩子养大，不是为了自己分享这一结果，不是为了永远与孩子在一起。而是要将孩子推出家门，推到一个更宽广的世界，让孩子去过独立而自主的生活，不过分干涉和羁绊孩子。

而孩子，长大后会有自己心爱的伴侣，也会有自己的孩子。等他们的孩子长大后，他们也会向自己的父母学习，把自己的孩子推向更宽广的世界。

爱，就在这样的循环中不断地传递，从我们的原生家庭传递到我们的新生家庭。

爱与分离,是生命中两个永恒的主题。生活很可爱,充盈着爱,生活也很讨厌,有分离。

父母终将离场,孩子也要独自飞翔。

那个陪伴我们品尝苦辣甜酸,见证我们辉煌落魄,牵手走完人生旅程的,最重要的人,是我们的爱人。

夫妻能把对方放在第一位,这个家才有了一对强大的翅膀。

夫妻关系,才是家庭稳定的不倒翁。

和善而坚定的教育

孩子和人间理想一样,都是小宝藏。

每个小朋友都是一个小机灵鬼,给爸妈"挖坑",然后达到他们的小目的。

"爸爸,吃糖会蛀牙吗?"

"当然咯!"

"那蛀牙了可以补吗?"

"嗯,可以的!"

"那反正可以补,你再给我一颗糖吧!"

你看,这一句句铺垫的,似乎都没有漏洞,她甚至还会说,人反正会死的,那就好好活,好好活就是每天吃糖。

对于糖,对于零食,小圆真的可以想出一千种办法来得到它们。

我张开嘴,指着我的蛀牙,对小圆温柔地说:"这个蛀牙补过了,是不是很丑啊?而且还常常疼呢!爸爸可以每周给你吃一颗,但你吃得太多,就会像爸爸这样了。"

小圆点点头，说不吃了，等下周再吃。

我带小圆去逛商场，走进一家家居饰品店，里面的水晶玻璃装饰品特别漂亮。我们一起盯着，看得出神，小圆说，好想摸一下啊。

可是，我担心小圆会不小心打碎东西，这东西应该蛮贵的。同时，我也怕东西碎了伤到孩子。但孩子都有好奇心，想一探究竟。小圆看着我，特别想得到我的支持。

"嗯，可以的，这个水晶装饰品这么好看，摸上去是什么感觉呢？但是，你就这么摸摸哦，不能把它拿起来，不然容易摔碎，好吗？"

小圆点点头，没有拿起水晶装饰品，只是小心翼翼地摸着水晶装饰品的表面，告诉我，好凉好光滑啊，摸上去的感觉太棒了！

我如果一开始只是简单地告诉她不能摸，可孩子又很好奇，想摸，最后的场景就是孩子闷闷不乐，甚至哇哇大哭，而家长在一旁训斥，引来路人围观。

我的态度是和善的，底线是坚定的。

可以摸，但不能拿起来。

在良好信任的亲子关系保证下，小圆想摸水晶装饰品的愿望得到满足，也就不会失望和哭闹，而且有了真实的体验。

孩子，不是马戏团的动物。家长让蹲下就蹲下，让拍手就拍手。

被训练得听话的孩子，和父母就没有感情了。

父母永远都要记住，要在情感上和孩子温柔而笃定地沟通。

我和老婆商定，每天晚上八点是小圆洗澡的时间，洗完澡讲会儿故事，小圆就要睡觉。

每次到了八点，我老婆就会对小圆说："到洗澡的时间咯。"

大多数时候，一听到妈妈这样说，小圆就跑过去洗澡了。

但有的时候，她还在玩玩具，或者和我玩。这种情况下，我老婆就会走到小圆身边，和她平视，再开始说话，会用一些友好的身体语言，比如拍拍肩膀，指指手表或拉拉她的手，暗示她接下来要做的事情。

"我们是怎么约定的？是不是已经到了约定的时间了？"老婆只说一遍，不会指责，也不会翻旧账。

绝大多数情况下，小圆一看妈妈过来了，就会马上过去洗澡。

极少数情况下,她依然不动,我老婆就会说:"如果你不想洗的话,那今天就不洗了哦。"

一听这话,小圆哧溜一下,就钻进浴室了。

大家都知道"冲动是魔鬼"这句话的含义,但在育儿过程中,要做一个淡定自如的老父亲,真是太不容易了。

这些年,我发现,在被孩子一再磨炼的旅程中,我越是对孩子吼,自己越是失控,孩子的不当行为也愈演愈烈。

自始而终的冷静,果然是有效的。

孩子在儿童和青少年时期,大脑中负责情绪控制和理性思考的前额叶发育还不完善,这就决定了他们还无法很好地表达和控制自己的情绪。

所以,孩子更需要父母冷静而理性的引导,来充当他们的"前额叶"。

吼叫,是父母对孩子的一种情感虐待。

又吼又叫,不仅没有教育作用,还会像一把锋利的刀刃,在孩子心里留下不可磨灭的创伤。

吼叫,并不能让孩子体会到爱与被爱的感觉。相反,如果长期遭受父母的吼叫,孩子会形成对自我、对世界的扭曲感受,而且还会投下长期阴影。

孩子需要的不是吼叫,而是关注、规范、引导、宽慰、温柔的抚摸,以及成功的机会。

不吼不叫,孩子才会收获爱与改正的动力,才能健康茁壮成长。

"和善"的重要性,在于父母表达对孩子的尊重;"坚定"的重要性,则在于尊重父母自己、尊重当时情形的需要。

和善而坚定,是要花心思的,是有方法的。

和善是父母的语气要和善,坚定是父母心里要有底线,设定好底线后,和善地引导孩子。

当孩子触犯规则时,惩罚也许是最简单的方式,但惩罚不但会给孩子的心理造成伤害,效果也只是暂时的。

作为父母,我们需要让孩子承担违反规则的后果,可别大吼大叫,在我们温柔说话的同时,也可以很坚定地说"不"。

不要用物质奖励,因为物质奖励往往会像一个无底洞,越来越大,家长不要从孩子小时候就给自己"挖坑",而应该尽量去调动孩子的兴趣和内在驱动力。

要激发孩子的内在驱动力,家长可以告诉孩子:只要完成了拖地或洗碗的任务,就可以去同学家玩一个小时。

这样,家长才能让孩子主动和愉悦地去做事,又不会让他们变得很世俗，脑子里想的都是物质的奖励。

  愿我们都能用一颗和善而坚定的心，给孩子种下一树繁花。让孩子在小小的世界里开始自己的人生，去创造一个更加令人欢喜的世界。

开个家庭会议吧

小圆很苦恼，诉说她在家里没有"权利"。

"每次去哪里，都是爸爸妈妈说了算。还有，每天吃什么，买什么，干什么，也是你们说了算，反正我们小孩是没有权利的。"

我和老婆相视一笑。特别好，小圆想参与家庭决策了。

既然小圆有心，那我们就得有意了。

"咳咳，老婆，小圆，我们明天晚上八点在客厅开个家庭会议，大家提前五分钟到场，我们讨论一下下个周末的旅行安排，每个人都可以发言，大家听到了吗？"

我和老婆看了一眼小圆，她还处于一种迷惑状态，因为我们家从来没有开过家庭会议。过了一会儿，她似乎知道，这是个可以表现的机会，显得挺兴奋，眼里冒着期待的小星星。

第二天，小圆不停地问"时间到了吗"，她看表只会看时针，不会看分针，她看到墙上的时钟的时针在"7"

上，就不停地问我们。

晚上八点，家庭会议准时开始。我站起来，对她们俩说："亲爱的家庭成员们，我们下周末要举行家庭旅行，请问大家有什么提议？请大家依次发言。"

"我觉得可以去离家近一点的湖边，玩玩水，呼吸新鲜空气，待两天一夜。"老婆说完，我点点头。然后我们一起看向小圆。

"嗯，我们可以去迪士尼，那里可好玩了。"小圆兴奋地描绘她推荐的地方。

等小圆说完，我想了想说："大家的提议都很好，但是我们要根据实际的情况来安排，因为只有两天时间，去太远的话，时间会很赶，疫情期间去人多的地方也不安全。"

"那就去千岛湖吧，那里又不远，人也不多。"

"那好，我们举手表决，同意去千岛湖的，举手！"

三个人一齐举手，你看看我，我看看你，笑声传遍了整个房间。

小圆的表姐约我们去他们家玩。

小圆可激动了，问我们什么时候去。

那我们就开个家庭会议吧。

这次，我们让小圆来做主持人，在定好的时间，我们一起围坐在桌前。

小圆激动而紧张地看着我们,开始说:"我们什么时候去姐姐家玩?大家发言!"

老婆说:"下周末吧,那天我有时间。"

我摊开手,说:"下周末我有安排了,我不行呢,下下周末怎么样?"

小圆有模有样地让我们举手表决,我们都同意。她又提议买个礼物给姐姐。

"姐姐上小学,一定用得上学习用品,我们去挑一个文具袋吧?"我提议。

"那我明天晚上陪爸爸去买。"小圆小脸上的红晕漾开,显得格外可爱。

会议结束,我们相互击掌,大家都很开心地达成了一致想法。

参与家庭会议,使得小圆像云边透亮的星,满目发光。

说到家庭会议,大家会想到什么?

一家人开会?通过日常观察,一家人坐下来,解决与孩子的矛盾,爸爸妈妈一起"攻击"孩子的想法?

可千万别这样,那可就成了"批斗大会"了。

开家庭会议,可以增进一家人的情感,还可以帮助孩子理性思考。如果进行得好，会是孩子最喜欢的家庭派对。

在家庭会议中，最重要的就是要整合所有家庭成员的想法，从而做出最后的决策。

我当班主任的时候，也经常和学生开"民主会议"，规划节庆活动、布置活动空间、制定规则等。会议可以让孩子们参与决策，能够很好地锻炼他们。

学校也好，家庭也好，每周或每月都定期举行不同形式和内容的会议，让孩子商讨和决定大小事情。

这可以帮助提升孩子的思维与语言能力，也培养了他们的社会能力。

小圆说："蓝天白云真美丽，开个会吧，笑嘻嘻。"

那么，家庭会议的流程一般是怎么样的呢？我来介绍下我家的吧。

会前准备：参加家庭会议的人要在会议开始前五分钟，全部到达说好的地点，围成一个圈，坐好。等到规定的家庭会议时间，准时召开会议。这会有一个比较正式的感觉。

会议开始：我们会有开场仪式，一家人同唱一首歌或击掌，这是家庭特色的仪式，大家要集中注意力，严肃一点，认真一点，不要嬉皮笑脸。

会议要有主持人，一般都是我和老婆做主持人，也会让小圆试试。主持人宣读家庭会议的主题，向参加会议的人征求活动的建议，并做好会议记录，请大家按顺序依次发言，每位发言的人可以提出一两条提议。

所有人发言后，主持人要组织大家进行讨论，讨论的时候多让孩子发言，锻炼他们的语言和思维能力。

讨论结束后，一家人用举手表决或者投票的方式，形成最后的决定。

最后，主持人宣布家庭会议结束，并整理此次家庭会议的记录，进行存档，以便家人日后查阅。

家庭会议在家庭教育中是一种很有趣的形式，可以让孩子真正感受民主，了解民主，掌握一起合作解决问题的方法。

让孩子学会倾听、尊重和接纳他人的意见和建议，并在满足个人需求的同时，学会考虑他人。

更重要的是，家庭会议能够让孩子感受家的温暖和爱。

爱，是无条件的

月光真好，夏夜可爱，生活有所期待。

我和小圆坐在河边的长椅上，看着月影。

我问小圆："小圆，长大了你想做什么？"

小圆不假思索地回答："我想做医生。"

"当医生很辛苦的，不过很光荣，可以帮助病人。"

"爸爸，你希望我做医生吗？"

"我希望你可以做你喜欢的事情，只要你喜欢就好。"

"那送快递也可以吗？"

迎面吹来的风把我们的头发吹起，多美好的夜啊。我看着她，点点头。

我想让我对小圆的爱，像阳光一样将她包围，但又给她光辉灿烂的自由。

小圆很喜欢一本绘本，叫《我永远爱你》，书中讲的是小熊阿力不小心打破了妈妈最心爱的碗，他很担心妈妈的反应,于是跑去找妈妈,做了一场"爱的测试"。

阿力妈妈不厌其烦地保证"我永远爱你",但又不忘补充,"不过你要对自己的行为负责"。

"如果我没有吃完这碗饭,你还会爱我吗?""如果我不小心把水洒了一地,你还会爱我吗?"小圆经常模仿书中的语言,问我类似奇奇怪怪的问题。

我的答案就是:"当然,爸爸永远爱你!"

有时候,我也会跟小圆说:"假如爸爸又老又丑,你还会爱我吗?"小圆则会搂着我的脖子答:"当然爱你啦,不管你什么样,我都爱你!"

我没有和小圆说过一次"你如果怎么怎么样,我就不爱你了""你要是做不到什么什么,我就不要你了"之类的话。

因为我清楚地知道,我爱现实里的她,而不是我期待中的那个她。

我没有必要把小圆塑造成我心目中的样子,我爱的就是这个世界上现在不完美的宝贝。

有一部电视剧叫《以家人之名》,谭松韵演一个叫李尖尖的"学渣",而且很"淘气"。

可是,李尖尖的爸爸不会因为这样而责怪孩子半分,还会跟着她一起"胡闹"。家长会上，别人的父母正在和老师讨论孩子的学习情况，分享教育方法，他却和女儿说说笑笑。

大家以为，这样被爸爸"放纵"着长大的李尖尖，会变成无法无天、不学无术、啃老冷漠的孩子吗？

当然不会。大学毕业后，李尖尖就和学姐一起开了一家木雕工作室，既是自己喜欢的工作，又能拥有养活自己的能力，事业上稳步前进。

看到爸爸年纪大了，会悄悄托邻居帮爸爸介绍女朋友，操心爸爸的幸福，经常回家陪爸爸吃饭、聊天，更主动帮忙打理家务。

李尖尖没有大富大贵、升官发财，但是对自己的生活有计划、有想法；在心灵上，也拥有善意待人的能力和勇气。

我们最后都会成为普通人，对一个普通人而言，最好的圆满，莫过于此。

坦然幸福，有能力爱自己，也有余力爱别人。

我看过一部电影，叫《奇迹男孩》，感受到被无条件爱着的人会自带光芒。

奥吉一出生就被确诊为特雷彻·柯林斯综合征，面部是明显畸形的。奥吉10岁前,他妈妈放弃硕士学位,在家帮助奥吉自学。当奥吉10岁时,他妈妈做出艰难的决定,送他去学校。

到了学校,奥吉被同学们嘲笑,大家都听信谣言:谁跟这个怪物交朋友就会感染。

放学回家后,奥吉就戴上面具,遮挡面部,一句话都不肯说。

他妈妈说:"你一点都不丑。"

他爸爸说:"虽然你不是很喜欢它,但是我喜欢,这是我儿子的脸,我想看我儿子的脸。"

父母无条件的爱,让奥吉重拾信心,他不再觉得自己是怪物,而是个有点特别的小孩。他不再惧怕那些恶意,也渐渐在学校收获朋友,获得其他同学的尊重。

被无条件爱着的孩子,从父母这里获得的安全感,能抵御外界的风雨。

无条件的爱,可不是溺爱。实际上,有条件的爱才是溺爱。

奥吉的妈妈虽然无条件地接纳孩子,但她对孩子还是有原则的,当孩子做错事情时,她并不会无限包容他,而是会指出他的错误。

只有我们努力成为一个丰盛的父母,才能养育出一个饱满的孩子。

如果我们养孩子的目的就是要求回报，那么这种爱就是一种交易，家长再含辛茹苦，都不能说有多伟大，因为最终都是为了自己。

不用孩子回报，不用孩子觉得欠我们的，所有爱都是出于纯粹的想念，亲子关系就能少一些纠缠，多一些独立。

随之而来的，是一种更松弛的家庭关系。

父母爱孩子的同时，也会爱自己，不会不顾一切地去满足孩子。

孩子爱父母的同时，会更爱自己，不会迫切地要去回报父母。

等孩子长大了，他们也会懂得，要留给自己多一点的独立和能量。

弗洛姆说："如果我真的爱一个人，那么也会爱其他人，也会爱世界、爱生活。"

也可以这样说，如果一个人恨自己的父母，那么他也会恨其他人，也会恨这个世界，不会热爱生活。

所以，父母对孩子的爱，不仅决定了父母与孩子的特殊关系，也决定了一个人和整个世界的关系。

父母不仅是在养育自己的孩子，而且是让孩子成为善良、诚信、有勇气、有爱心的人。

无条件的爱，是每个孩子都应该得到的礼物。

正如哈菲兹在《太阳从未说》中所写的：

长久以来，

太阳从未对地球说：

"你欠我的。"

看看这样的爱带来了什么！

它燃亮了整个天空！

父母的狠心，藏着爱

我爱你高高开在树上的花，更爱你深深结在地下的果。

小圆四个月大的时候，晚上就能睡整觉了，可以一觉睡到大天亮。亲戚朋友觉得不可思议，觉得小圆简直就是天使宝宝。

可是，为了培养小圆睡整觉，我和老婆被所有长辈骂"魔鬼"，因为我们太"狠心"了。

小圆出生的头三个月，睡觉是我们最头痛的问题。由于白天过度兴奋，到了傍晚，她就会闹觉。晚上睡觉也都是睡一两个小时，中途都会哭醒。各种哭，各种闹，各种作。

那个阶段是带娃最累的时期，我和老婆的睡眠也被小圆切得四分五裂，时不时会有爆炸的感觉，但因为爱孩子，我俩就拼命地忍耐着。

周而复始，情绪变得很糟糕。

晚上，老婆艰难地起来给小圆喂奶，然后再哄睡。过不了多久，小圆又会哭醒。

我不忍心老婆一次次起身哄娃，就与老婆分担着哄睡，没有完整的睡眠，我们筋疲力尽。小圆也睡不好，自然也长得不好。

小圆满三个月后，我和老婆决定不能再这样顺着小圆混乱的作息了，狠下心，全面行动。

到了晚上七点多，我和老婆给小圆喂完奶，换完尿布，就开始哄睡，让小圆慢慢进入睡眠阶段。

但哄睡的阶段很糟心。当小圆快睡着了，她的手脚一动，就会把自己惊醒。我们琢磨办法，听了很多专家的建议，也问了一大堆的新手爸妈。

为了让孩子睡整觉，父母要狠下心。

小圆在我们的臂弯里睡着后，如果把她放到床上，她就大哭。

如果是以前，她一哭，我们马上就把她抱起来，继续哄，直到她睡着。

现在，我们不能再心软，就让她在床上哭一会儿。哭得凶了，就抱起来哄一下，不哭了就马上再放到床上。

一开始，就这样抱起、放下，一晚上有三四十次，我和老婆累得腰都要断了。

但是，我们坚定认为一定要狠下心，之后发现，小圆醒的次数，一晚比一晚少。撑过了那个阶段，她就能睡整觉了。

爱孩子是所有父母的天然行为，但是真正懂得爱孩子的父母，都有一点狠心。

再说到喂奶，很多家长是不是觉得喂奶没什么好说的，饿了就喂，难道还可以培养什么习惯吗？

我朋友的宝宝，一哭就喂，一个小时喝一次奶。像这样，一个小时喝一次奶，虽然宝宝喝的次数很多，但每次都没喝饱，既折磨大人，又不利于孩子休息。

之前，小圆喝了奶，两个小时之后就饿了，我们会让她再撑一个小时，虽然对婴儿来说这有点难，但我们还是这样尝试。中间的这一个小时，我们有时抱抱她，有时带她去楼下溜达。有时这两个方法都不顶用，她还是大哭，我们就会给她喂奶，但一定是让她喝饱。

宝宝出生后的前三个月是培养宝宝睡眠和喝奶的重要时期，培养了良好的睡眠和喝奶习惯，孩子就可以长得更好，而父母也有了更多的休息时间，这对大家都有利。

所以，养育孩子要更注重科学方法，父母该狠心的时候就狠心，虽然心里都是爱。

父母付出爱不难，难的是培养孩子更好的习惯，培养他们在今后的人生中有独立的世界观。

这比保护孩子，重要一百倍。

小圆2岁的时候，已经能够自由地走来走去。她一会儿拿起我的眼镜，一下扔到了地上，眼镜就被她摔得粉碎。一会儿她又抓起我老婆的发箍，用小手一掰，掰成了两段。

那个时候的她，似懂非懂，没有安全意识，有些行为就充满了危险。摔一跤，撞一下，都是小事，但她对电门充满了兴趣，老是想用小手去摸电门。

"小圆，不能摸电门，会被电死的。你要再摸，爸爸要打手心了。"我严厉地警告她。

她看着我，走开了。不一会儿，又跑过去看着电门。我用余光瞅她，她以为我没在看她，就把小手伸到电门上去。

"小圆！"我喝止了她，"我说过，再摸电门，要打手心的，把小手伸出来。"

她见我这么严肃，有点害怕了，眼泪已经充满了眼眶，一颗颗地滚下来，开始向我求饶。我有点心疼，但要是不狠狠地打她一次手心，她肯定不会记住，弄不好，真的会触电。

"把手伸出来！"我语气轻柔，但态度坚定。

小圆见我这样，只能把手伸了出来。

"啪！""啪！""啪！"连打了三下，她疼得哭了起来。我抱起她，并安慰她。

如果我不对她狠心，那后果会更严重。有些狠心是一定要的，就像我们摔跤了，总归会疼，但下一次，我们就会小心了。

有些狠心可以让孩子懂得安全，获得成长，那我，作为爸爸，就一定会做。

父母在能够陪伴孩子的时候多出这一点狠心，当孩子离开时，也就多了一份放心。

父母对孩子狠心，但是爱却不会减少。

《正面管教》一书里说，家长要清楚明白地告诉孩子，什么事情该做，什么事情不该做，并且明确奖罚措施，才会让孩子明白，父母是说到做到。

父母不够狠心，孩子就会得寸进尺。

在孩子的生长发育和学习成长方面，父母必须坚持原则，别被孩子的眼泪打败，也不能放任孩子过分自由，这样是对孩子不负责任。

父母给予孩子全部的爱，这没有错，但是在不该纵容孩子的事情上，必须坚持原则，不能因为心软而退让。这不是爱，而是害。

在满足孩子成长需求的过程中，父母需要适当的狠心，才能帮助孩子养成良好的生活习惯和学习习惯，助力孩子更好地成长。

真正为孩子着想的父母，有一点狠心，才能真正帮助孩子健康成长。

心软是害，狠心是爱。

溺爱孩子，就总有一天会为孩子包扎伤口。

第三章

爸爸,站出来

不是第一,又怎样

小圆上了幼儿园之后,回到家经常跟我们说,今天老师搞了什么什么比赛,谁谁得了第一名。

看得出,她还是挺喜欢这些比赛的,也有点在意名次。

有一天,我下班回到家,小圆就乐呵呵地扑到我身上,得意扬扬地告诉我,今天班级有数花朵比赛,她得了第一名,老师还奖励了她一朵小红花。

我说:"你数得这么好啊,看来很认真嘛!"

小圆高兴地说:"那是因为我数学好。"

我差点笑出来,心想,才幼儿园,哪有什么数学,真是嘚瑟。

过了几天,她又告诉我,班里组织了一个数棍子比赛,她得了第三,也是一副眉开眼笑的模样。

我和她开玩笑,说:"你不是数学好吗?咋这次没得第一啊?"

小圆依旧翻着她的绘本,瞟了我一眼,高亢地说:"不是第一又怎么样啊？干吗一定要得第一？"

我惊呆了，她居然说出了我的内心想法。看来父女俩混久了，确实会越来越像。

我对小圆的期许是，对自己要有要求，但也不用死磕自己。能当第一，当然是好事。要是当不了，也不妨碍咱开开心心的。

我以前看到过一位家长写的一篇文章，叫《坐在路边鼓掌的人》。文章讲述了一个成绩中等的12岁女生得到了全班同学的喜爱，她说自己不想成为英雄，只想成为坐在路边为英雄鼓掌的那个人。

文章讲述的故事，让我印象很深。好几个家庭一起去野餐，有两个小男孩，其中一个是奥数尖子，另一个是英语高手，他俩同时夹住盘子里的一块糯米饼，谁也不肯放手，更不愿平分。大人们又笑又叹，连劝带哄，可怎么都不管用。最后，那个成绩中等的女生用掷硬币的方法，解决了僵局。

语文考试的试卷上有一道附加题：你最欣赏班里的哪位同学？请说出理由。

除了那个女生自己，全班同学都写上了这个女生的名字。

理由很多：热心助人，守信用，不爱生气，好相处，等等。写得最多的是乐观幽默。

班主任还说，很多同学建议由那个女生来担任班长。虽说那个女生的成绩一般，可为人实在很优秀。

很多家长赞同，让自己的孩子做一个平凡人。人们讨厌功利教育，但又很难做到让孩子成为平凡的人。这种矛盾让人无所适从。

这世间有多少人，年少时渴望成为英雄，最终却成了烟火红尘里的平凡人。

如果健康，如果快乐，如果没有违背自己的心意，我们的孩子，又何妨做一个善良的普通人？

我和小圆一起读过一本绘本，叫《不是第一名也没关系》。

不是第一名也没关系，第一名不代表样样都行。即使得了第一名，品德不好也不成；即使得了第一名，自以为是也不成。

在这个世界上，即使不能成为学业第一名，也还有机会成为其他方面的第一名：和小朋友们和睦相处的第一名！待人热情的第一名！会讲笑话的第一名！这些第一名也都很光荣。

还有在小朋友中最受欢迎的第一名！哇，这可真荣幸！

我们不是教孩子争第一，而是唤醒孩子内心的种子。

林清玄在他儿子上大学的时候，送给儿子一个锦囊，里面有四句话："大其愿，坚其志，虚其心，柔其气。"

具备大的愿望理想、坚强的意志、谦逊的态度和温柔的气质，就会成为一个栋梁之才。

这比第一名重要一百倍。

我有个很好的朋友，毕业于名牌大学，小时候他爸爸要求他每次都必须考第一，考不到第一，他爸爸就会严厉地训斥他，甚至还会把他吊在树上打。

他成长的压力得有多大啊。

朋友长大之后，在我眼里，真是一个超级优秀的人。处处领先，又能干又肯吃苦。就是那句话，比你优秀的人比你更刻苦。

可在工作中，他长期处于不安和惶恐之中，公司发展得再好，他也会觉得自己没有别人好。即便公司成了行业第一，他也会看到别的公司的某一项业务比自己公司的发展得要好。

就这样,他陷入了一种自我折磨的模式中。这种深入骨髓的压力和焦虑,常常使他崩溃,他的亲情和爱情关系也极其紧张。

从小就要拿第一的他,不允许自己输,更不想输,不敢输,也觉得不能输。一旦不是第一,他就没有价值了。

将"第一"作为生活的动力可以,但是成为行为的枷锁就没必要了。凡事尽力,孩子做到自己的最好就是成功。

世界上没有完全相同的两片叶子,每个人的人生都是自己的,应该为做更好的自己而活,而不是跟别人比较。

如果不明白这个道理,人生就会充满痛苦。

因为,山外有山,人外有人。

人生不是竞技场,不必把第一当成最大的光荣。做到自己心中的第一,达到自己内心的目标,认可自己就好。

人生不如意事十之八九。

相比成功,孩子在成长过程中"输"的时刻其实更多,大大小小的不如意,实在太多了。

家长切记,在孩子遇到困难时,要教会他们懂得摆正心态,蓄积能量和底气,培养孩子的抗压、受挫能力,让孩子建立正确的输赢观。

不必事事争第一,而要做最好的自己。

没有了枷锁,脚步从此轻盈。

云朵可爱,晚风温柔。

不一样，很正常

世间的温柔皆是软软的云朵和可爱至极的小圆。

盛夏总是让人懒洋洋，蝉鸣的早晨，趁日头还不晒，我和老婆带着小圆在外面遛弯。

小区池塘里的荷花已经娉婷摇曳，水水嫩嫩，露珠挂在花朵上，让人有种摸一下的冲动。

"爸爸，为什么荷花是长在水里的，别的花都长在土里啊？"小圆问我，眼睛直勾勾地盯着荷花。

"因为它们喜欢水，它们的种子也在水里。"我乐呵呵地回答。

"那别的花不喜欢水吗？"小圆又开始追问了。

"荷花是特别喜欢水，它需要很多很多的水，所以要长在水里。可有些花不需要太多水，浇太多水就会死。你还记得《大象的耳朵》这个故事吗？因为每个动物啊……"

"是不一样的！"我还没说完，小圆就抢着回答了。

"所以，迎春花是春天开的，荷花是夏天开的，桂花是秋天开的,梅花是冬天开的。每种花开的时间也是不一样的。"我对小圆说。

"嗯,爸爸,还有,每种花的颜色和样子也是不一样的。"小圆开心地有了新发现。

"那你觉得它们漂亮吗?"我问。

"是啊,它们都很漂亮呢!"

说着,我们在小区里寻找开放的鲜花。

我常常给小圆读《大象的耳朵》。

这篇文章讲述了这样一个故事:大象有一对大耳朵,像扇子似的,耷拉着。可小动物们都觉得大象耷拉着的耳朵很奇怪,会嘲讽它。于是大象就用木棍把耳朵支棱起来,可是小虫飞进了耳朵,大象难受极了。最后大象发现,每个动物是不一样的,它就开心地把耳朵耷拉下来了。

对啊!每个人本来就是不一样的。不一样,很正常。

有一天,我带着小圆在商场玩,遇见了我做记者时采访过的一个患有侏儒症的男人,他和朋友也在逛商场。看见我和小圆时,就热情地过来和我们打招呼,还从包里掏出一块巧克力给小圆。

我们很开心地聊了一会儿,因为我们离得很近,可以看见他脸上挺多皱纹,也微微驼背。聊完后,他和朋友继续去逛了。

4岁多的小圆,看着那个男人的背影,有些奇怪,就问我:"爸爸,他怎么这么矮?"

我觉得也没什么好骗小朋友的,就对小圆说:"小圆,那个叔叔得了一种病,这种病让人长不高,但是他是个很勇敢的人哦。"

"哦,是这样的啊!"小圆点点头。

"有些人长得很高,有些人长得很矮,有些人长得很胖,有些人长得很瘦。"

"因为每个人是不一样的!"

我俩哈哈大笑起来,一起吃了那个叔叔给的巧克力。

我经常听到家长们抱怨:我的孩子太内向了,我的孩子太胆小了,我的孩子太闹腾了,我的孩子太爱表现了……

孩子比较内向,家长就希望孩子能活泼一些;孩子比较胆小,家长就希望孩子能勇敢一些;孩子比较闹腾,家长就希望孩子能安静一些;孩子爱表现,家长就希望孩子能内敛一些。

大人们总希望孩子能满足自己的要求,不偏不倚。希望孩子最好是既活泼又听话,既内敛又出众,既能争赢又能谦让。但是想一想,我们要的是孩子还是机器人啊?

每个人都有优点和缺点。不,那些都是特点!

每个人都是独一无二的,是无法代替的存在。让孩子活出自己的人生,才是最重要的事。

我经常给小圆读一首诗,叫《我是我自己》,其中有一段是这样的。

在这个世界上,

没有一个人完全如我。

某些人有某个部分像我,

但,没有一个人完完全全地像我。

因此,从我身上散发出来的每一点、每一滴,

都那么真实地代表着我自己。

因为,这是"我"选择的。

我拥有我的一切——

我的身体,和它所做的事情;

我的大脑,和它的所想、所思;

我的眼睛,和它所看到的;

我的感觉,愤怒、喜悦、受伤、爱、失望、兴奋——不管它有没有流露出来;

我的嘴,和它所说的话,礼貌的、甜蜜的或粗鲁的,正确的或不正确的;

我的声音,大声的或小声的;
以及我所有的行动,不论是对别人的还是对自己的。
我拥有我的幻想、梦想、希望和畏惧。
我拥有关于我的一切胜利和成功,
一切失败和错误。
因为我拥有全部的我,
我能够和我自己更熟悉、更亲密。

这个世界上,永远没有两片相同的叶子。

每个人的生活环境不一样,三观和生活方式也不相同。

用自己的三观和生活方式去理解他人、要求他人,其实就是自私。

一个人的修养,就是尊重和自己不一样的人。

明白了这一点,我们就不会再轻易地对自己不理解的事情大惊小怪。

王尔德说:"过自己想要的生活不是自私,要求别人按自己的意愿生活才是。"

每个人都有自己认定的舒适的生活方式。

我们可以选择去过自己想要的生活,但永远别对别人的生活指手画脚。

要知道,这个世界上,每一种生活都值得尊重。

宇宙有宇宙的规律，浩瀚宇宙里的每颗星星都是独一无二的，就好比每个人，虽然不一样，但熠熠生辉，一起发出各自的光芒，汇聚在一起，可以照亮整片夜空。

我们做父母的，就是帮孩子去做真正的自己。

不比较，不强求，倾听孩子的需求，给予必要的支持，帮孩子找到自己的特点，打开孩子认识自己的大门，肯定自己，欣赏自己并爱自己。

这是塑造孩子健康人格的最佳途径。

陪伴，使彼此驯养

蓝天真的超可爱，它将好多云朵都拥入怀。

目前，我和老婆一起养育小圆，没有让家里老人帮忙。

幼儿园放学后，我老婆就去接小圆。之后小圆和小朋友们在小区里玩一会儿，然后回到家，老婆做饭等我下班回家，小圆自己看看书、剪剪纸。

我下班后回到家，一家人其乐融融地吃饭、聊天。

吃完晚饭，我们带小圆一起出去玩一会儿，这也确保我每天可以和孩子有超过一个小时的亲子时间。

之前，我们家是传统混合式的带娃模式，也就是平时家里老人帮忙带，下班后我们夫妻带。我和老婆都是朝九晚五的工作，所以陪伴小圆的，一半时间是家里老人，一半时间是我们夫妻。

在小圆1岁到2岁的一年时间里，上半年是我妈带小圆，下半年是我丈母娘带小圆。那段时间，我老婆在准备考试，为了让老人和老婆轻松点，上班前和下班后是我的带娃时间。

和孩子待久了,我和小圆关系非常亲密,也让我变得更加包容和温暖。

付出爱,本就是收获爱的过程。

我带娃时,就喜欢带娃到处溜达。城市的每一处公园、每一个大厦、每一个景点,包括朋友家、同事家,都是我和小圆一起去溜达的场地。

工作日是晚上溜达,周末是白天溜达,我和小圆应该把整个城市都溜达了一遍。

晚上,老婆还在客厅看书备考,哄睡的任务也落在我的身上。

睡前,我会给小圆读绘本、讲故事。我和小圆已经把家里的50多本绘本重复看好几遍了,小圆也会讲绘本里的故事。

半夜,小圆还会突然哭。我老婆睡眠比较好,不论小圆怎么动,她都不会醒。小圆一动,我就会醒,所以盖被子和半夜哄睡的任务也归我了。

能多陪会儿孩子,就多陪会儿,心甘情愿的事情,做起来也是开心的。

当爸爸的，总希望孩子可以健健康康。可是，没有一个娃是不生病的，孩子一旦感冒发烧，作为家长的我们就有得忙了。

小圆3岁那年，一共感冒了3次，虽然次数不多，但我都记得很清楚。

她第一次感冒，发热了一天，第二天自然好了。

她第二次感冒，也是发热。去医院验血，显示是细菌性感染，吃了几天抗生素，不到一周，她就恢复了。

她第三次感冒，却折腾成了肺炎。第一天是发热，没有用药；第二天就退烧了，我们以为好了。结果第三天又开始发烧，39度，给她吃了美林；第四天去医院验血和拍片，居然是肺炎。医生说要住院，可能是衣原体或支原体感染，会很危险。

当时，老婆哭了，因为联想到当时新闻报道的一个流感病例，既不是病毒性也不是细菌性，最后未愈死亡。

我们马上带小圆去了省儿童医院，在医院打抗生素的针。我和老婆轮流请假在医院陪小圆打点滴并照顾她。生病的孩子比平时爱哭闹很多。

前后折腾了两个星期，小圆才渐渐康复。

平时在养育孩子的事情上，我还算蛮淡定的。

很多家长在意这个、在意那个，给孩子报了一大堆的培训班。我好像都没有那样做，但还是会忍不住关心一些和孩子相关的事情，这就是做爸妈的天性。

一见到名师，我就是自来熟，聊天毫不生分。

为了让小圆培养些兴趣特长，我就留心身边学画画、学乐器的朋友，拍马屁，套近乎，感觉自己瞬间成了"油腻男"。

为了小圆的饮食起居、吃喝拉撒、玩耍兴趣，我调动了很多能调动的资源。比如，朋友居住的小区有挖沙堆，我就带着小圆去那玩耍；同事的家里有好玩的玩具，我就带着小圆去同事家玩。

在带娃的事情上，一家人难免有些分歧，作为儿子、丈夫、爸爸，我就负责衔接好家长里短不能言说的矛盾，照顾好老婆、老妈的细微情绪。可以说，我是绝对的"长袖善舞"。

有时为了打听情报、薅羊毛，我甚至和超市小姐姐、儿童馆老阿姨搞好了关系，如有促销活动，她们就打电话给我。

我的这些小心思，对孩子而言，都是无形的陪伴。

小王子居住在小小的星球上，只有一朵玫瑰花，他以玫瑰花为傲，以为它是世界上最漂亮的花。

到了地球上，小王子发现了一个玫瑰园。那一刻，他好失望啊，原来他的玫瑰花不是独一无二的。

狐狸让小王子明白，他的那朵玫瑰花，的确是独一无二的，因为他驯养了玫瑰花，玫瑰花也驯养了小王子。

小王子每天要给玫瑰花浇水、捉虫、遮阳，还要陪它说话。在这些微小而细碎的陪伴中，他们彼此驯养。

小王子和玫瑰花，就像我们和孩子。

陪伴，都是一样的。

总是一眨眼，孩子们就长大了。若是不信，回头看看自己走过的时光，是不是觉得一切都恍惚如梦？几年时光似乎就是一瞬间。

可以为孩子撑伞，但是，路，要孩子自己走。回头望去，昨天那个牵着我们的手的小女孩，已经这么大了啊。

日子总是不知不觉地在溜走，有了些许皱纹和白发，我们是不是吓了一跳？

当孩子站在我们面前，渐渐长大，比我们想象的还成熟一些，我们是不是觉得有点不可思议。日子究竟是如何飞逝的呢？

生命流淌，人总会老去。可陪伴这种方式，应该是最幸福的吧！

不要觉得陪伴孩子是无聊的事情,其实,这才是父母最重要的工作,没有什么工作比这一项工作更有价值、更有意义、更神圣的了。

尽情享受孩子在我们怀里撒娇吧!

一眨眼的工夫,孩子们就会离开我们的怀抱和庇护。孩子的成长过程,就是与父母逐渐分离的过程。

我只愿多陪孩子一点,再多一点。

真正的爱，亲密有间

我永远爱傍晚轻抚的微风，落日黄昏晓，还有渐渐长大的女儿。

小圆在1岁前，长得软糯圆润，超级可爱。她还不会走，我就抱着她，摸她的小脸，亲她的小脚，恨不得时时刻刻都看着她。

我会给小圆洗澡，水流过她的额头，一开始她会哇哇大哭。一会儿后，她就开始享受洗澡的乐趣，双手扑腾着水花，咯咯地笑。洗完了，她还不乐意，哭闹着还要洗。我就把她抱起来，擦干身体，涂上爽身粉，穿好尿不湿。看着她干干净净的样子，我就特别满足。

有时候，老婆在家看书，小圆在家闷得慌，我就绑好抱背袋，把小圆放在胸前，带着她去附近的商场溜达。商场里有好多好玩的地方，比如亲子绘本馆、玩具城、溜冰场。

我最担心的事情，就是在外面玩的时候，小圆拉臭臭。

商场里只有母婴室，我作为爸爸，进去母婴室会感觉不好意思，也有些许不方便，怕别的妈妈带着宝宝在母婴室。如果实在没办法，我只好敲敲母婴室的门，确定里面没人之后再进去给小圆换尿布。

在小圆2岁之前，我和她，是真正的亲密无间。

小圆在2岁左右，就开始有性别意识了。她知道自己是个女孩子，喜欢粉粉的颜色，喜欢小裙子，喜欢五颜六色的小发夹。

这个时候，她开始探索这个世界了，她知道男生和女生的区别。她会说，妈妈和奶奶是女生，爸爸和爷爷是男生。

在小圆3岁之前，我独自带她出去旅游，还会帮她洗澡，她在我面前也不会害羞，因为我们太喜欢彼此了，也太熟悉彼此了。我给她穿衣服的时候，她还故意扭着小屁股，学小鸭子，和我玩闹。

对我而言，最尴尬的就是，我带着小圆在外面玩，她想上厕所。我肯定不能去女厕啊，但是带她去男厕，男生会在那里小便，我不想让小圆看见。我就只能自己先进男厕，等没人小便的时候，快速地把小圆抱进隔间。她拉完臭臭后，我像一个侦察兵似的，先开门看看有没有人在小便，等没有人了，再快速带她跑出男厕。

爸爸带女儿，确实有不方便的地方，但我还是尽力让她健康成长。

在小圆3岁之后，我和她就不再适宜进行太多的亲密动作，我要让她有清晰的边界，男生和女生不可以有过分亲密的行为，比如嘴对嘴亲吻、抚摸身体敏感部位、相拥而眠等。

我也不给小圆洗澡了，都是妈妈或奶奶给她洗澡。我也不带她进男厕了，而是在女厕门口等她，让她自己进去，一般也会拜托一位女性服务员帮忙照看一下。

在家的时候，我也不太会光着膀子。以前我健身，可喜欢让小圆摸我的肌肉，然后小圆会指着我的胸，笑着说，爸爸的"nainai"。我想，还是不要光膀子了，性别界限，还是应该牢固一些。

现在小圆5岁了，我躺在沙发上看书的时候，她会把头靠在我的头旁边，和我说一些悄悄话，她也会拍拍我的脸，和我做好多鬼脸。在我和小圆的心里，其实我们很亲密，她很爱我，我也很爱她，我俩都知道。

但我和小圆不会去碰彼此身体的敏感部位，我俩有身体的界限，有各自的隐私，我俩都要守住自己的底线，我想让她一定要保护好自己。

除此之外，父母应该帮助孩子逐渐建立隐私观念，增强孩子对性侵害的自我保护意识。

作为小圆的爸爸，我认为，对孩子最好的保护，就是以身作则，划出身体的界限，不用亲密过头的行为混淆孩子对性别意识的认知。

无论是身体还是空间，父母都要给孩子划出界限。

每个孩子都希望拥有自己的小天地，那是他们抚慰心灵的驿站，是他们提升自己的花园，是他们畅想未来的时光机。在那里，他们可以拥有自己的小秘密，可以放下一切包袱，做回纯真的自己。

父母给孩子属于自己的空间和隐私，允许孩子独处，才是最好的爱。

有空间的孩子，才有更多选择的权利，才能更好地选择自己的人生。对于孩子不想说的秘密，父母应该尊重。拥有自己的秘密，说明孩子有了独立的思想，正在慢慢成为完整意义上的人。

父母和孩子，可以亲密，但要有间。

父母向孩子表达爱意的方式有很多种，不是没有界限，才叫作爱。

而事实上，让孩子从小在一个充满爱的环境里长大，即使不用刻意表达，孩子也自然而然能感受到父母的爱意。

周国平说："分寸感是成熟的爱的标志，它懂得遵守人与人之间必要的距离，这个距离意味着对于对方作为独立人格的尊重。"

父母与孩子再亲密，也要保持一定的边界感。缺了边界，爱可能就变成了伤害。

每个孩子都是独立的个体，有自己独立的人格和情感。当孩子逐渐长大，家长要学会放手，要明白，不是孩子所有的事都需要我们为之代劳。

从小被尊重的孩子，才会懂得尊重别人。

父母希望孩子成为一个怎样的人，首先父母得是这样的人。

拥有边界感，并不意味着疏远与隔阂。拥有边界感，是让孩子了解什么才是正确的亲密关系，从小培养孩子的边界意识。

作为异性家长，应及时与孩子"分离"。

家长要让孩子清楚地知道，再亲密的关系也要有界限。

最好的亲子关系是，不疏离、不越界，亲密但有度。

第三章 爸爸,站出来

亲密有间,是为了让孩子更好地成长。

万物皆有裂隙,那就是光进来的地方。

别惩罚,按下暂停键

每个人都是驯兽师,要驯服的那头猛兽,就是我们自己的情绪。

周末,我在写字,小圆在画画,场面是岁月静好,一派祥和。

一会儿,小圆过来看我写字。她不停地问我,写的是什么,还说她也想写字。

我让她自己画画,安静一会儿。没过几分钟,她又来吵我。见我不理她,她就开始抢我的笔。我叫她别闹,她就把我写字的纸给撕破了,还扔在了地上。

她自己犯错了,还先发制人。"谁叫你不理我呢?你不理我,我才弄破你的纸。"说完就哇哇哭了起来。

我有点生气了。为了避免我俩陷入不良的情绪氛围中,我首先要做的是给自己的情绪按下暂停键。

按下暂停键,是为了让我俩都重回理性,是为了下一步更好地解决问题,而不是对孩子进行惩罚。

我调整了一下情绪。

我问她:"你现在去小房间待一会儿,会不会好一些呢?"

小房间是我和小圆的一个暂停区,那里有几本有趣的书和一些玩具。暂停区就是让人感觉自己的情绪能够慢慢好起来,重新恢复理智的地方。我的目的是让孩子的感觉好起来,这样她才会做得更好。

小圆生气地说:"不要。"

我说:"那现在爸爸想去,你愿意陪我吗?"

小圆还是说"不去"。

我说:"好吧,我想去。"

这样,我给小圆做出了榜样,进一步向她表明,暂停坏情绪不是坏事儿。

我有个朋友,他的孩子和小圆一样大,特别淘气。他说有时候实在受不了,就会把孩子打一顿,或者把孩子关进小黑屋。等孩子求饶了,他再停手,或者将孩子从小黑屋里放出来。

这么做,孩子就处于一种被动接受的状态。

被惩罚的整个过程,孩子的情绪可能更糟糕,可能生气就变成了委屈和愤怒,最后的妥协也只是屈服。

"去你的房间想想你都做了什么!"

"给我站到墙边好好反思反思!"

好多爸爸妈妈对孩子说这些话,是居高临下的气势。这样说,家长和孩子的感觉会好起来吗?

当我和孩子产生冲突的时候,我会积极地按下暂停键,给孩子提供一个好的感觉,一个冷静期。

只有在感觉好的时候,孩子才能冷静下来,才能做得更好。

"小圆,当我们的情绪小怪物跑出来的时候,我们可以去小房间里安静一会儿,看看书,玩会儿玩具,等心情好了,再出来。"

这是我和小圆的约定。她知道了,如果我们有矛盾,有人要发脾气的时候,可以去暂停区冷静一下。这样,大家不会彼此伤害。

这不光是孩子的暂停区,也是父母的暂停区。

我会在家里布置一个暂停区,并取一个好听的名字,"小小屋"。以此来代替把孩子关在厕所或者小黑屋里。

当孩子的小情绪爆发的时候,家长对付不了的时候,可以问孩子:"要不要去安静地待一会儿?"如果孩子非常生气,家长还可以问:"要不要我陪你一起去?"

如果孩子不去,家长可以说:"好吧,我想我需要去。"然后,就去暂停区。

这对于孩子来说,是很好的榜样。坏情绪爆发后,大家都平静下来以后,和孩子一起想出一个合适的解决方案。这也是给孩子明确可以执行的边界。

有一天,晚上入睡前,小圆要求听一个故事,那个故事只有朋友家孩子的故事书里有,而我们没有那本故事书。

我就跟小圆说:"那本书是别人家的,我们没有啊。"

令我没想到的是,小圆却开始满地打滚儿,嘴里不停地说:"我就要听那个故事。"

我用温和而坚定的语气,一遍遍告诉她,此时此刻我们没有那本书,如果她想看,明天可以去朋友家看。

但是,没有效果。

我对小圆说:"宝贝,爸爸现在不知道有什么方法可以帮到你,我现在去'小小屋'待一会儿。我准备好了就回来,你也可以过来陪我。"

说完,我去了"小小屋"。

过了一小会儿,小圆就进屋跟我说:"爸爸,我想睡觉。"

我就抱着她说:"我们睡吧!"

她又高兴地跟我说:"爸爸,你看,我可以自己穿上睡衣了。"那一刻的小圆,非常安宁,跟几分钟前那个撒泼的小孩判若两人。

当我和孩子都处于负面情绪的时候,我俩没有发生战争,我也没有对孩子进行冷处理。我是舒缓了自己的负面情绪,自己感觉变好之后,再去解决问题。

我和朋友讨论过,若是孩子犯了错,是要让孩子感觉好还是不好。朋友的想法是,如果想让孩子改正错误且以后不会再犯,首先得让孩子感觉不好。

这个疯狂的想法会让父母反复尝试惩罚性暂停,比如冷战、忽视、让孩子回房间反省、强制孩子罚站等。

家长的这些方法既让自己感到孤独,也割裂了和孩子的联结,从而使孩子内心孤独,让已经丧失归属感的孩子更加没有归属感。

按下暂停键,做积极的暂停,这和冷处理不同。前者强调的是家长与孩子之间有联结的暂停,是孩子的主动选择,并且暂停的地方是一个能让孩子放松、感到温暖且舒适的地方。

积极地暂停是为了让孩子感觉好起来,而惩罚性暂停只能让孩子感觉更糟。

我按下暂停键,是想让小圆的感觉好起来。好比我打扮成一颗小奶糖,提着星星灯,悄悄溜进小圆的梦里,和她温柔而甜蜜地说一声:"我爱你。"

专属游戏

我老婆带娃,会讲故事、画画、唱歌、散步、玩沙子。这些活动都是很安全的,但这些都是很慢、很静的活动,小圆总感觉不带劲。

我带娃,就很喜欢玩一些奇奇怪怪的爸爸专属游戏。

我在家做俯卧撑的时候,小圆会骑在我的背上,并帮我数数。等我做完,我就变成了"猛兽",而她是骑兽的少年。

客厅是我和小圆的奇幻森林,我们用凳子、脸盆来充当别的动物,然后进行一场冒险游戏。

"爸爸,快看,前面是一条蟒蛇,小心。"

"我要打败它。"

等我们把怪兽都打败了,救下了可爱的小动物,小圆总会开心地和我击掌庆祝。

我躺在床上看书的时候,小圆说想坐飞机,我俩就开始了坐飞机的游戏。

我躺着,把脚蜷缩在肚子上,小圆坐在我的双腿上,我用手撑住她的手。

"这位乘客,请问你要去哪里?"

"我要去北京。"

"好的,飞机即将起飞,请注意安全。"

说完,我把双腿渐渐往上抬,小圆便升得更高,我控制着方向和高低。

我说;"现在飞机遇到了气流,会有颠簸。"说完,就装出颠簸的样子。她也会装出很害怕的样子,配合着说:"飞机不会有事吧?这飞机太可怕了。"

当飞机降落时,她边从我的腿上下来边说:"北京到了,我要去看天安门了。"

我和小圆最喜欢的活动就是举高高。我把她抱起来,她在我手上翻转,做出各种舞蹈动作,一会儿从我背后钻到我的胸前,一会儿从肩膀来到腰上,一直咯咯地笑。

我和小圆说:"爸爸举不动了。"

她就说:"再举一次,把我举起来。"

看来,如果我不健身,真的就不能陪她玩了,太费体力了。

陪小圆玩,不光要有体力,还得要有技术。

我们家有一副玻璃弹珠的跳跳棋。有时候,我和小圆把玻璃弹珠拿出来,在地板上打弹子。两人拿相同颜色的两颗弹珠,我把我的弹珠先放在固定的地方,再把小圆的弹珠放在十厘米开外,然后用她的弹珠来打我的弹珠。她总是拿不稳,还没打出来,弹珠就从她的手里溜走了。

然后我就去打她的弹珠。一来一去,我俩玩得可开心了。

有的时候,我们还玩足球、羽毛球、乒乓球、飞盘。做这些活动时,找个合适的地方,再招呼两个小朋友,用我们自己制定的简单的规则即可。

这些活动的玩法也是多种多样。比如可以在空地上踢足球,所有人围成一个正方形,大家轮着踢,也可以抢着踢。或者前后各站几人,一人站在中间抢球。

玩羽毛球时,我们就会玩丢球,看谁丢得远。还会用头顶着羽毛球走路,看谁走得远。还会把球丢进脸盆,看谁丢得准。

我和小圆玩的各种游戏,方法多变。想怎么玩就怎么玩,我俩一点都不会无聊。

我家里还有尤克里里和二胡,我练曲子的时候,小圆会在旁边看我,然后她也想试试,我就让她尝试一下,她也会自娱自乐,乱弹半天。

第三章 爸爸，站出来

我也常常带小圆去野外玩。

如果看见适合爬的树，我就会先爬上树，然后站在树上看着小圆。等她也想爬树的时候，我就站在树下看着她爬，并保护着她。一般来说，她肯定是爬不上树的，我就会托她一把，让她体会一下爬树的野趣。

我们家附近有个公园，夏天的时候，公园里都是捉知了和钓小龙虾的人。我和小圆每晚都去公园看别人捉知了、钓小龙虾，有时也会加入他们。

有一次，我和小圆捉了两只知了，把它们放在矿泉水瓶子里。结果，知了在瓶子里流了很多液体，小圆说是尿，我说是体液。为此，我俩争辩了很久。

我和小圆还常常在公园里观察小虫子、蚂蚁、蜘蛛、蚯蚓、蜗牛等，这些小生物尤其喜欢躲在石头底下，我们就用夹子把它们轻轻地夹起来，然后装入带盖的罐中，以便我俩能够仔细地观察它们的头、触角、足、翅膀等。观察完后，就把它们放回大自然。

我俩很注意安全，都很怕被虫咬。

我和小圆也会尝试一些实验游戏，肯定都是比较安全的实验，比如玩吸铁石。

玩吸铁石之前，我们会准备好一些回形针、细线、尺子、吸铁石、胶带。先用细线系住回形针，并固定在桌上。用双面胶把吸铁石贴在尺子上。然后拉直细线，吸铁石和回形针隔开一定的距离，随意摆动，回形针会跟着吸铁石走。

小圆说："回形针可真听话。"

我说："这是吸铁石的磁性造成的。"

小圆说，我是吸铁石，她是回形针。我一吸，她就来了。

我们还玩胡椒粉。事先准备一个碗，一些水和胡椒，以及一块肥皂。先在碗中装满水，然后在水里撒满胡椒，再在自己的手上涂抹肥皂。最后把涂满肥皂的手放进水中，胡椒马上就躲开了！

小圆说："胡椒粉，胆子真小啊。"

我说："肥皂水会把胡椒粉赶走。"

小圆说："爸爸不能赶我走。"

我说："爸爸永远不会赶你走的。"

爸爸和妈妈带孩子，还是有很多区别的。

爸爸多陪孩子玩，孩子会很不一样。

孩子想去荡秋千，多数爸爸不会因为安全问题而"碎碎念"，而是鼓励孩子去尝试。这样的爸爸能够培养孩子敢于冒险的勇气。

爸爸在陪孩子玩时,会有更多的含鼓励、探险、自理、独立意义的活动。在爸爸的陪伴中,孩子也学会了自立、勇敢、坚强,孩子变得爱动手,爱探索,敢于冒险。

爸爸的宽容给了孩子"去做吧,一切有老爸在,你值得尝试全世界"的暗示,让孩子的主见受到了肯定。

当爸爸陪孩子玩的时候,孩子可以从爸爸那里获得粗放、进取、外向的特质,有更多的安全感和自信心。在与别人相处时,孩子更容易与别人友好相处,也更容易适应新环境,这些都有利于孩子积累社交经验和社交技能。

爸爸陪伴得多,孩子更愿承担责任、更有主见,心态也更宽容和开放,思维方式也更加理性而有逻辑,独立性也优于妈妈带大的孩子。

而这一切都是孩子未来职业成功、追求理想生活的必要条件。

这个世界上,孩子都希望爸爸多陪自己玩。

爸爸多陪孩子玩,是孩子最幸福的事之一。

爸爸，对女儿的影响更大

我和小圆在一起，我眼里藏着星河，她笑里带着月光。

有一天，我带着小圆在公园里玩，看见一个小男孩追着一群小朋友打。一个小女孩被打哭了，跑到自己爸爸那告状。我以为她的爸爸会哄哄女孩，但结果让我大跌眼镜。

爸爸责骂女孩，指着她问："为什么男孩不打别人而偏偏打你？你自己就应该好好反思。"

女孩垂头抹泪，本来靠近她爸爸的小身体往后退了一步。

此时的她，是多么孤立无助啊。

为什么明明是受害者，却好像成了过错方？这样的情况下，爸爸不站在女儿的立场去帮助女儿，怎么能让女儿信任他呢？

同时，那个爸爸的举动就像是暗示孩子：别人欺负你是对的，你不配讨价还价，你自己肯定也有错，你就应该忍着。

很可能,那个女孩长大以后就会缺乏安全感,也有可能形成没有主见、逆来顺受、自卑的性格。

我问小圆:"小圆,你觉得那个女孩有做错吗?"

小圆摇摇头,对我说:"是那个男孩的错,是他乱打人,应该要好好教育他。"

我点点头,让小圆分一颗糖给那个在哭的女孩,希望可以给她一点点甜。

我身边很多朋友对妈妈是爱意浓浓,对爸爸却是嗤之以鼻。

网上还有一个视频,《如何用一个词描述父亲》,视频内容是充满浓浓的父爱,可视频底下的评论却让人大跌眼镜。

热评是这样的:

"父亲,是让人厌男的第一步。"

"我爸出轨不止一次两次了,但是被发现还特别理直气壮,让我觉得恶心。从那以后,我就特别讨厌男人,我以后自己一个人活着也挺好的。"

"如果他不是我的父亲,我应该很讨厌他,甚至是厌恶,我觉得很多家庭不幸,是因为父亲。"

这些网友心中的话,真是句句扎心,让人心疼。

如果一个父亲能够和孩子建立信任与亲密的关系，孩子就会从心灵深处拥有爱的底气和力量。

幸运的人一生都在被童年治愈，不幸的人一生都在治愈童年。

如果一个人的童年是缺爱的，那么他更容易成为巨婴和愤青，会在潜意识里拒绝长大，终其一生寻找的就是无条件的童年之爱。

让女孩在很小的时候就开始认识父亲的一些性格，亲近父亲，让她知道这一切都是对的，她不必一切都像母亲。这对她的个性发展很重要。

父亲和女儿建立亲密与爱的关系，能够帮助女儿自信、自尊、自爱。

作为榜样的爸爸，会给女儿传授生活中的重要的经验与教训。就算一个父亲努力了却事业无成，对女儿也有鼓励作用，女儿便会努力，会寻求上进，寻求成功。

爸爸向女儿展示的普通生活中的行为准则，比如公平对待家庭中的所有成员，女儿长大了也会公平处事。

父亲的亲密与爱，能让孩子活得自尊、自爱、有底气。而一个没有责任心与道义的父亲，能让孩子痛苦一生。

从小缺失父爱的女孩，只要得到其他男人的一点点爱，就很容易送出满腔深情。她们不会去思考男人的品行，不会去考察男人是不是"渣男"，而只是渴望得到其他男性的爱和肯定。

相反，女孩若在父亲身上见识过这世间最美好的爱，她长大后，就一定不会轻易被其他男人的一点示好所感动。

一个有影响力的父亲，无形中还给了她女儿一个未来丈夫的模范榜样，替女儿定出一个判断未来丈夫的标准。

我身边的很多爸爸，都和女儿关系非常好，也很愿意花时间陪伴女儿。

不管爸爸是精英白领，还是钢铁直男，在自家女儿面前，都得百炼钢化为绕指柔，不但要贡献出自己的形象，还得乖乖地让女儿给自己化妆。一点也不会跳舞的爸爸，还要和女儿一起跳舞。

对孩子的爱和亲密，在孩子需要的时候，强悍的爸爸转身就能变成模特和戏精。

《亲密关系》的作者克里斯多福说：从人性上说，我们倾向于保护自我最脆弱的部分，然而这也是造成关系冲突的主要原因。

父母在与孩子的关系中，会有控制、需求、害怕，以及耻辱的保护机制。要真正地建立亲密关系，就要突破这种保护机制。

家长不要害怕失去权威,不用在意失去掌控,也不用介意失去面子。

多听听女儿的心声,与她一起感同身受,适当地给她提供建议和给予鼓励。让她感受到,爸爸爱她、懂她,是她身边亲密的伙伴和身后坚强的后盾。让他做好女儿的三种角色:一面镜子,让她看见真实的自己;一名老师,在她探究真实自我的时候,激励与启发她;一名玩伴,开启并陪伴她一段生命的旅程。

在一个人的孩童时期,父母给了孩子满足的爱,会让孩子很有安全感。

尤其对一个女孩而言,如果她有一个非常爱她的父亲,这个女孩活着就会很有底气,会懂得自尊自重。

父母用无条件的爱,用理解、尊重,和孩子建立亲密与爱。

父母和孩子之间的爱,就像在储钱罐里存入钱币,当储钱罐满满当当的时候,孩子会愿意把心事告诉父母,他们会证明他们爱父母,相信父母可以理解他们,相信父母可以帮助他们。

但父母要做到不纵容、不溺爱,让孩子在爱中懂得大世界、方寸间的对与错、艰辛与不易、不放弃与不抛弃。

假如父母什么都不做，或者故作大度、宽容，对孩子的事淡漠忽视，那是对孩子信任的辜负。孩子以后若有什么事，也都不会告诉父母。

因为孩子觉得，告诉父母也没用。

父母忽视孩子的感受，一味强调自己的意愿，孩子就会觉得父母是不可信任的。这种父母会让孩子极度没有安全感。

如果孩子觉得，在这个世界上，永远有人爱他们，那就是父母。无论他们是什么样的人，因为这份爱，他们也要变得更好。

被爱着的人，心中有光，肆意生长。

第四章

抱抱，臭小孩

孩子们的争吵，别管

我不说话，但我在听；我不插手，但我在看。

我常常带小圆在家附近玩，久而久之，小圆就有了几个熟络的小朋友。大家不用约时间，就会有一种默契，在某个时间段，几个熟悉的朋友会在一个固定的地方玩。

居民楼下的小卖部门口放置了几辆摇摇车，一群差不多大的孩子都会在小卖部门口玩，爸爸妈妈们就在旁边，一边聊聊天，一边看着在玩的孩子们。

有一个小女孩叫悠悠，她和小圆差不多大，是小圆的小伙伴之一。悠悠梳着可爱的小辫子，文文静静的，存在感比较低，不像别的孩子那么闹腾。

夏天的夜晚，孩子们最喜欢玩泡泡机，几个孩子拿着各种形状的泡泡机，造出许许多多的泡泡，然后孩子们就追着泡泡跑，伸手去摸泡泡。"砰砰"，泡泡瞬间变成了空气，孩子们就发出一阵阵的笑声。

孩子们会轮流玩泡泡机，若有个小朋友想抢，好几个小朋友都会一哄而上去抢夺泡泡机。那时候家长们在旁边就会说，不能抢，要轮着玩。

有一回，轮到悠悠了。她开心地接过泡泡机，刚玩了一会儿，就有小朋友来抢。悠悠觉得自己才玩了一会儿，不想给下一个小朋友玩，于是这两个小朋友就开始争吵，场面有点小混乱。

然后，悠悠妈妈走过去，对悠悠大声地说："悠悠，你玩过泡泡机了，应该给下一个小朋友。"

悠悠哭着，委屈巴巴地说："可是我才玩了一小会儿。"

悠悠妈妈依然很严厉地说："玩过就行了，快给她。"

悠悠很不情愿地把泡泡机交了出去，整个人瞬间失去了光彩，呆呆地看着大家玩。

悠悠妈妈这样做，可能是不想伤害在一起玩的其他孩子，也想让悠悠大度一点，免得争吵。

但事情的发展并不像她想象中的那样，而是刚好相反，等悠悠玩泡泡机的时候，下一个孩子总会很快跑来抢，甚至会欺侮悠悠。

更令她忧心的是，悠悠经常被小朋友欺负，她又不准悠悠还手。所以悠悠会出现情绪失控的行为，对父母也会出言不逊。

悠悠妈妈不知如何是好,这种只要求自己孩子做好而对其他孩子过度包容的方式,让自己的孩子在认知及心态上都出现了失衡。

有一天,吃完饭后,我带着小圆在住宅楼下玩,一群孩子在玩丢球的游戏,小圆也加入了。

每个孩子拿一个小球,围成一个圈;然后向站在中心的孩子丢球;站在中心的小朋友要躲开球,不被球打到,才算赢。

轮到一个小男孩站在中心了,围成圈的小朋友们一起向小男孩丢球,小男孩没怎么躲,被球砸到了脑袋。大家都觉得挺好玩的,也知道被皮球砸不会多疼。

但是,小男孩的家长不知道从哪里跑了过来,吵吵嚷嚷的,一直问是谁欺负了她家孩子,神情很凶恶,感觉要吃了这群孩子似的。

有几个小朋友挺身站了出来,对着发火的家长说了句:"阿姨,对不起,我是不小心砸到他的。"道歉的人在说话间的眼神很明显是瞪着被砸的小男孩。

既然有人道歉了,并且也没出啥事,那名家长念叨了几句后就走开了。

丢球游戏又继续了,但是后面所有小朋友不再带那个小男孩玩了。

小男孩孤零零地站在旁边，不明白大家怎么就突然不和他玩了。

我上小学时，我也常和同学们有争吵或者打闹，但是我的父母几乎没有参与过我和同学们的矛盾。

他们总是说："孩子的事情，孩子自己解决。"

那时候，我虽然有时会惹一些麻烦，但我在成长阶段从来没有遇到过被同学孤立的事儿。在吵吵闹闹中，我和好几个小时候一起打闹的朋友成了很好的发小。

孩子在成长过程中会渐渐明白，自己不是世界的中心，这世上不是所有人都会围着自己转。他们会明白这个世界的规则，为了融入，他们会去遵循这个规则，但这些规则需要孩子自己去尝试和理解。

如果那个小男孩的家长没有过来骂人，小朋友们用球砸了小男孩，会觉得不好意思，进而去关心小男孩，还会教小男孩如何躲过球的攻击，最后所有人就一起投入游戏中了。

这就是游戏规则，游戏有输赢、有冲撞。加入了游戏，就应该承担各种结果。

作为父母，要相信孩子有能力解决所遇到的问题，也不必要去介入孩子们的游戏。

家长的介入,让其他小朋友都瞧不起那个小男孩,就不再和他玩。

这样,对于孩子,一点帮助也没有。

所以,若是小孩之间有争吵,家长们别管。

城南花开,城北花落,各自都有各自的规律。

孩子们在一起玩耍的时候,一般都有他们的游戏规则,所有人都应该遵守规则,不能破坏规则,更不能动不动就哭,找家长帮忙。

而这些规则,正是吸引孩子的地方。

孩子们在游戏过程中发生了打闹,这很正常。这是一个交流的过程,一个规则制定的过程,更是孩子成长的过程。

孩子们得把规则"吵"明白,"争"清楚,才能玩得开心。

孩子们有自己的尊严意识,也希望别人能把他们当成独立的人来对待。

父母要相信,孩子有能力解决争吵。

在孩子的世界中,有孩子自己的规则。父母不懂,也不必懂,更不必去介入孩子的世界。

孩子之间发生争吵，父母就要给孩子学习解决争吵问题的机会。

如果每次孩子出现争吵，父母便出面当裁判，那孩子就没有机会学习如何平息纷争。

发生争吵的两个小朋友，如果家长一味地要求其中一方，而没有用公正的态度去处理双方的问题，就会让受委屈的一方觉得不公平，也会助长另一方的错误行为一再延续、扩大。

发现孩子吵架时，家长要先保持冷静，不要急于干涉，持中立态度，弄清事情的来龙去脉。如果孩子吵得很凶，家长可以把其中一个小朋友带离现场，或者用孩子感兴趣的事物吸引其注意力，让孩子远离争吵。如果确实是自己的孩子做得不对，家长需要对自己的孩子进行明确的批评教育，但不可以对孩子做侮辱的评判，不能给孩子心中留下自己是坏孩子的印象，让孩子生活在自卑中。

孩子们之间发生争吵，父母可以让孩子自己去分析孰是孰非，了解孩子对事情的看法，从而帮助孩子正确地处理矛盾，孩子解决问题的能力也会越来越棒。

孩子之间有吵架，这很正常。父母别急，也别慌，因为那是孩子们在长大。

父母的愤怒，是把刀

何必处处与自己为敌？天总会亮的，对吗？

我很少责骂小圆，可在我的印象中，我还是骂过她两次，并且都是狂风暴雨式的责骂。每次我责骂小圆，她都是用大哭回应我。直到现在，小圆还记得我责骂她的所有内容。我每次听到她说，就有种无比伤痛的感觉。

我责骂小圆，不是因为她不做我要求做的事，也不是因为她做不好事情，而是因为不注意安全和不孝顺。

小圆以前走楼梯时没走稳，从楼梯上摔了下去，摔破了头，在医院缝了三针。我第一次责骂她的那天，同样她在走楼梯，没扶着栏杆走。我看着她那样走路就心里发怵，担心她一不小心又摔了。我叫她小心下楼，可她还是走得很快很急。于是我的怒气一下子就起来了，劈头盖脸地骂道："你听不见我说话吗？你头上的那个是什么？你是不是还想再摔一次？你是不是还想去医院？"

我第二次责骂小圆，是因为她不懂得体贴奶奶的辛苦。

第四章 抱抱，臭小孩

我妈带小圆的时候，小圆总是要奶奶抱，我妈心疼她，所以对小圆是有求必应。我妈患有肩周炎，抱多了孩子手就特别疼，故每次抱小圆都是咬牙坚持。我知道后，毫不客气地责骂了小圆的不孝顺。

这两次小圆都被我骂哭了，喊我"臭爸爸"。看她哭得可怜，我也慢慢冷静下来，又去安慰她。事后，我静静地反思自己的行为，毕竟责骂解决不了任何问题，还让小圆伤心了，自己还生气，损人不利己，得不偿失。

所以，我就吸取教训，每当情绪失控的时候，我没有再选择责骂。因为责骂特别伤人，孩子会深深记住那些刺痛他们的话，并在心里留下伤痕。

至于体罚孩子，我没有做过。有时候小圆做错了事，我会打她的手心，她倒是心服口服。

一天，我和小圆在书店看书，绘本区有很多小朋友，大家跑来跑去，倒也没人吵闹。可小圆莫名地兴奋，扯着嗓子，发出高八度的叫声。其他人不时地朝我们投来睥睨的目光，我只好压着嗓子对小圆说："不要叫，你吵到别人了。"

但小圆全然不顾我的喝止，反而愈叫愈响。

我觉得特别羞耻，自己的孩子在公共场合大吵大闹，我却管不好。于是我拎住小圆的衣服,严肃地说:"你再叫的话,我就打你!"

小圆根本没有理会我,依旧叫嚣着。

一下子我就怒了,这种生气,源于我无法掌控小圆的羞耻和懊恼。我一把抓住她,"啪啪"地打了她的手心,并红着脸说:"你还叫不叫?你还叫不叫?"

我一打,她便"哇"的一声,哭了出来。

然后,在一个安静角落看书的大爷走过来,对我说:"其实你不必压抑孩子的叫声,更不必打她,你可以夸她唱歌好听,让她唱大声一点,她反而不会叫了。"

我照着大爷的方法做。果然,小圆不叫了。

大爷说,小朋友有自己的人格,有创造精神的美和尊严,这种美和尊严是无法被磨灭的。虽然不能被磨灭,但是会被我们伤害。

你可以不去鼓励一个孩子,但是千万不要用言语去伤害一个孩子。你永远都不会知道,自己无意间的一句话,会给孩子带来怎样的伤害。

很多时候,孩子莫名其妙地成为父母的出气筒,"坏孩子"就是被父母一步步逼成的。我看过一篇关于少管所的新闻调查报告,报告说少管所里的孩子都遭受过父母的语言暴力，比如"丢人""猪脑子""废物""你怎么不去死"，等等。

你的孩子，不论你怎么骂他，他都爱你。可这不应该是你发脾气的底气。就因为孩子爱你，所以你也是那个最能伤他的人。

我们做父母，会有自己的脾气，特别是在工作上筋疲力尽，受尽委屈，累得快趴下时，而孩子却不听话，考试成绩不好，惹我们生气。

我们情绪一来，肯定会有无数的狠话恶语涌出，非得一吐为快，震慑一下孩子。

我们的情绪发泄了，那孩子呢？他们被一把把的刀刺得遍体鳞伤，被伤得刻骨铭心。

因为有的话，像利刃，真的能"杀人"。

愤怒是一种发泄，而教育需要克制。

父母爱孩子，最重要的一点，是愿意为孩子改变，收敛自己的脾气，学会管理情绪。

每当想生气的时候，家长不妨给自己一个心理冷静时间，多问自己几个问题："我为什么会生气？""我弄清楚真正的原因了吗？""除了生气，没有其他办法了吗？"

想生气时，多问问自己的内心，恢复理智，才能避免带着脾气的教育。

如果孩子顶撞，家长可以从以下几方面进行改进：

无论孩子犯了多大的错，都不要急躁，要先问清事情的来龙去脉，再决定处置方法，不搞连带处罚，不翻旧账。赏罚前，要讲明道理，让孩子彻底信服。

明白了孩子的意图后，家长就会理解孩子为什么突然之间会变得那么粗鲁。从孩子的角度去考虑问题，家长应该问问自己"究竟发生了什么？这个小家伙想怎样？"以此来缓和气氛和情绪。

家长不要粗暴地对孩子说"不许顶嘴"，可以试试说"我理解你的感受，但是你能换一种语气对我说话吗？"或者说"我不喜欢你这样说话，你可以慢慢用你的道理来说服我"。

如果孩子正在气头上，家长可以说："我知道你现在很生气，等你冷静了，我们再谈，好吗？"

家里要有足够的民主气氛，谁说得有理就听谁的。家长要多鼓励孩子随时讲出自己的感受，随时化解孩子的委屈。千万别觉得这样会削弱家长的威信，其实家长越这样做，孩子越会理解和认同。

即便知道孩子在狡辩，家长也要耐心地让孩子把话说完。然后因势利导，帮助孩子认识错误。

我很喜欢一部电影,叫《小偷家族》。电影讲述了一个拼凑的六口之家,大家没有正式的工作,没有美食,没有豪宅,没有身份,没有烟花,没有墓碑,却有了爱。

其中有一句台词,我印象特别深刻:

"他们说喜欢你才会打你,是假的。真正喜欢你,会像这样,抱着你。"

对一个家庭来说,什么是最重要的?

我想,不是物质上的满足,而是松弛、温暖、能滋养人的家庭氛围。

愤怒是很简单的,而化解愤怒才是有用的。化解愤怒需要智慧、温柔和爱。

因为孩子,我学会了如何化解愤怒,变得温柔又可爱。

别催，越催越慢

我们需要一头扎进生活，找被藏起来的糖果。

在上幼儿园之前，小圆吃饭很拖拉，常常是我和老婆都吃好了，她才刚开始，总是把热乎乎的饭吃成冷饭。

上了幼儿园之后，小圆每天上学之前的过程就像个小蜗牛似的，非常拖拉。起床，磨磨蹭蹭；洗漱，不紧不慢；吃早饭，慢慢吞吞。一看时间，呀！快迟到了，就赶紧往幼儿园跑。

之前，我和老婆也是一个劲儿地催，"小圆，能不能快点啊！"然而，根本没用。我们越催，她越慢。上幼儿园好像和她根本没关系，我俩火急火燎，她却无动于衷。

经常是我们实在受不了了，就帮她穿衣服、洗漱，然后往她手里塞一个包子，让她边走边吃。

后来，我们觉得这样不行，真是皇帝不急太监急，我们学会了对于孩子的事情，首先大人要放平心态。事前，我们和她说明时间的重要性，若是她磨蹭，就让她磨蹭，迟到了也是她的事,她自己要承担相应的后果。

"小圆,今天上幼儿园,你什么时候弄好了,我们就什么时候出门,我每5分钟会提醒你一次。"

就这样,小圆做事的速度明显比以前快了。起床后没有坐在床上发呆,完成洗漱、吃早饭后,一看时间不多了,就会赶紧出门。在上学的路上,明显她更着急,会小声嘀咕:"快点,别迟到了。"偶尔时间很紧,她还会张罗着给老师打电话请假。

其实小圆都明白,她知道晚了就会迟到,她也不想迟到。

原先我们在不断地催促她时,她反而不着急,因为她的注意力被我们转移了。我们一遍遍催的时候,"迟到"不是最重要的事情了,她要摆脱我们的控制,反而成了她最重要的事情。我们不催她之后,她内心的焦虑和不安就渐渐消失了。

因为她要争取权利。所以,我们越催,她越慢。

当家长可以理智地面对孩子做事拖拉或者磨蹭这个习惯的时候,感觉就会特别平静。当家长淡定之后,不再对孩子的拖拉或磨蹭发表任何意见,"迟到"就成了孩子心中最重要的一件事,他们就会自己着急,自己学着承担,自己学着负责。

催促孩子，家长会着急上火，而孩子没有任何改变。家长得让孩子自己去承担后果，并为他们自己负责。

孩子要学会成长，家长要学会放手。

为什么家长越催，孩子就越慢？

孩子有自己的内在秩序，家长催促他们，就破坏了孩子的秩序，孩子的自律性就会变差。

家长对孩子有期望值，孩子的拖拉或磨蹭让家长产生失控感，家长的内心开始焦虑，就会拼命地催孩子。而不停地催促孩子，其实就是家长对孩子的控制心在作怪。

孩子当然会反抗，因为他们不想被掌控，所以只能靠拖拉或磨蹭来确认自我范围，从而去寻找自我。

家长的催促让孩子失去自我，孩子的自尊水平也会降低。而自尊水平直接决定了孩子今后的自律性。孩子拖拉，就是自律性差的直接表现。

家长不停地催促，就是在暗示孩子动作很慢。这会让孩子有抵触情绪和逆反心理。在孩子眼里，他们是被逼迫着赶紧去做完，一切美好的体验都没有了，还对事情本身产生了讨厌的情绪。所以孩子的内心就想："我就磨蹭，我就拖拉。"从而产生恶性循环。

家长完全信任孩子，在孩子面前展现的是父母的安定，孩子也会自信和从容。

如果小朋友拖拉，父母千万不要责怪。没有哪个小朋友一生下来，就能和精英一样自律。如果真是如此，那是不是很可怕啊？

不想要孩子做事那么拖拉，想让孩子可以游刃有余地掌控自己的生活，父母就要学习如何和孩子一起成长。

不要做事无巨细的家长。一个有拖延习惯的孩子，背后总有一个事无巨细地为他整理收拾的人。父母可以试着"懒惰"一点，或许父母"懒"一些，孩子会成长得更快些。

孩子总是在不断地成长，和世界相处，他们总有自己的特别方式，父母要尊重孩子本身的节奏。

比如上学这件事，若是孩子拖拉或磨蹭，他们就会迟到，就让他们自己承担事情的后果。

把孩子的一切还给孩子，让他们自己去掌控。

当然，这不是不管不顾，也需要家长的引导，家长要让孩子有时间观念。

在小圆3岁之前，我给她买了一个小沙漏，沙漏从一端全部漏到另一端，需要花费几分钟的时间。我是用这种形式让她初步感知时间的概念。

在小圆3岁以后,我就会跟她商量:"我们再玩5分钟,好不好?"她说"不好",我就会问她"还玩多久"。如果她说"10分钟",我就在手机上设置10分钟的倒计时,并给她看一下,时间一到,手机就发出声音,她就会停止,也不会不情不愿。

教育专家尹建莉在其著作《好妈妈胜过好老师》中提过:记功不记过。孩子做得好,父母要进行相应的鼓励;如果孩子有过错,父母不要反复提及。孩子利索地做完一件事后,父母可以夸张地进行表扬,能起到很好的正面强化作用。

童话《小王子》一书中说:每个大人曾经都是一个小孩子,只是他们忘记了。

的确,是大人们误会了,孩子本来就该是磨蹭的。

因为可爱的孩子,父母才会重新学习如何保持耐心,会蹲下身子去重新观察这个世界。

父母多一句"慢慢来,我们知道你很棒",少一句"快一点,别磨磨蹭蹭",会让孩子在前进的路上走得更加稳当。

我看过一篇文章,叫《牵一只蜗牛去散步》,文章是这样描述的:

第四章 抱抱,臭小孩

上帝给我一个任务,叫我牵一只蜗牛去散步。

我不能走太快,蜗牛已经尽力爬,为何每次总是那么一点点?

我催它,我唬它,我责备它。蜗牛用抱歉的眼光看着我,仿佛说:"人家已经尽力了嘛!"

我拉它,我扯它,甚至想踢它,蜗牛受了伤,它流着汗,喘着气,往前爬。

……

好吧!松手了!

……

咦?我闻到花香,原来这边还有个花园,我感到微风,原来夜里的微风这么温柔。

慢着!我听到鸟叫,我听到虫鸣。

我看到满天的星斗多亮丽!

咦?我以前怎么没有这般细腻的体会?

教育孩子,就像牵着一只蜗牛在散步。和孩子一起走过孩提时代和青春岁月,虽然也有失去耐心的时候,可是,孩子在不知不觉中向父母展示了生命中最初和最美好的一面。

孩子的眼光是率真的,孩子的视角是独特的。父母不妨放慢脚步,把自己主观的想法放置一边,陪着孩子静静地体味生活的滋味,倾听孩子内心的声音在俗世的回响,也给自己留一点时间,从没完没了的生活中探出头来。

其中成就的,何止是孩子?

给孩子一个选择

孩子被稳稳地爱着,应该有做任何事的勇气吧?

小圆很挑食,喜欢吃鱼,不喜欢吃肉。有一天,我做了肉丸,她扒拉着白饭,不愿意吃肉。

我看看她,心想:不吃肉可不行,我得想个办法。

我问她:"小圆,我们不能浪费饭菜哦。今天爸爸做了香喷喷的肉丸,你是先尝半颗还是三分之二颗呢?"

她听后愣了一下,然后问我:"爸爸,三分之二是什么意思啊?"我就用筷子割开一个肉丸子,一边三分之一,一边三分之二,对她说,三分之一比一半少,三分之二比一半多。

她有点迷糊,盯着被割开的肉丸子看,说:"那我要小的吧,三分之一颗。"

我一阵窃喜,赶紧给她夹了那颗三分之一的肉丸,她一会儿就吃完了。

我笑眯眯地说:"试吃结束了,那要不要再来一块三分之二的?"她吃着美味的肉丸,点点头。

她还为自己正确的选择而暗自得意呢。

现在的小朋友拥有的玩具都挺多的。小圆的玩具能堆满家里的半个客厅。

小圆总是把玩具摆得到处都是,地板上的积木,沙发上的画板,凳子上的贴纸,家里的各个角落都有她的玩具。

玩完之后,有时她会把玩具收拾整齐,让玩具回归原位。有时候,她就不管不顾,扔下玩具,就去睡觉或干别的去了。

看着乱七八糟的屋子,如果我生气,那么一点作用也没有。我给小圆一个选择。

"小圆,你今天让玩具八点回家还是八点半回家呢?他们的妈妈还在家等他们呢。"

"小圆,你想自己收拾玩具还是爸爸帮你一起收拾?你是想收拾沙发上的还是想收拾地板上的?"

我给了她一种友好的提醒,让她做出选择。

从心理上来讲,面对父母的这种提醒,孩子是很难拒绝的,也不太好意思拒绝。

我经常听到很多爸爸妈妈说,自己的孩子不好管,让孩子往东,孩子偏往西;自己的孩子倔得很,小小年纪就开始叛逆,和父母整天唱反调。

《如何说孩子才会听,怎么听孩子才肯说》一书中强调,给孩子选择的自由,这是父母必学的一项技巧,也是让孩子与父母合作的最快方式之一。

父母需要学会给孩子选择的权利,而不是命令、教育或催促。

给予选择的自由,替代严厉的要求,孩子们就没有压迫感,他们会觉得这是自主的,会愿意与父母合作。

当父母开始让孩子选择时,就已经为孩子打开了学习之窗,让孩子学习如何判断并如何做决定。给孩子选择的自由,孩子会懂得思考问题,而在日后面临更大的选择时,孩子能更加自如地应对困难。

让孩子做选择,给孩子选择的空间,引导孩子去思索什么是自己想要的、什么是自己该做的,这会让孩子受益终身。

有时候,孩子不理睬父母给他们的选项,不愿意做选择,那父母一定要让孩子明白,是他们自己放弃了选择权。

如果孩子拒绝在父母提供的选项里做选择,那父母可以帮孩子选择,"你想自己选,还是要我帮你选?"

如果孩子执意不肯做选择,父母可以对孩子说:"你的意思是要我帮你选了。"然后就帮孩子做选择,之后就得让孩子接受,不必对孩子发火。实践几次以后,孩子就会明白,父母是动真格的,下次就不会放弃自己选择的权利。

帮助孩子选择,可是有技巧的。

父母不要简单粗暴地把选项设置成"是或者不是"。如果想让孩子吃早餐,父母的选项就不能是"你吃早餐还是不吃早餐?"孩子大概率会回答"不吃"。

选项应该在父母希望的事情上有延伸,如果希望孩子吃早餐,就可以在假定孩子吃早餐的基础上这样问:"早餐是吃粥还是吃面呢?是加一个鸡蛋还是一个咸鸭蛋?"

父母在设置选项时,选项里最好有一个是孩子倾向的选择。

有一次,我和小圆说好周末要出去玩,小圆一直想去游乐场,那我就问她:"周末,你想去公园还是游乐场?"

这样,小圆就获得了惊喜,很开心地选择她想去的游乐场,而且是她自己选择的,她就更加开心。选择之后,她还会关注天气,如何去,要带的物品,她的参与感是满满的。

给予孩子选择权,并不是让孩子可以随心所欲,并不是真的让孩子做决定。而是给予一种权利,让孩子有被尊重的感觉。

父母陪伴孩子的成长,除了爱,还需要智慧和技巧。

在一些小事上,把自主选择的权利交给孩子,会让微小的日常选择变成一次次锻炼的机会,这也有助于孩子将来在成长道路上做重要选择时选择适合自己的人生。

如果一个孩子从来没有做过任何选择,只能处处听家长的话,将来他在自己的人生路上怎么可能会有自己的主见?

给孩子选择的自由,是父母需要学会的一项技巧,是和孩子愉快相处的一种方式。

给孩子一个选择,是尊重,在意孩子的想法和感受。

给孩子一个选择,是放手,让孩子的生命越来越独立。

给孩子一个选择,是亲密,使父母和孩子的心连得更紧密。

抱抱愤怒的小孩

发脾气的小孩的威力,相当于一个炸弹。方圆十里,寸草不生。

做了爸爸之后,一个不小心,就会被愤怒的孩子炸得遍体鳞伤、鲜血淋漓。

"爸爸,你回来啦!"我加完班回到家,已是晚上9点多,小圆一见我,就兴奋地扑进我的怀抱,急切地问,"我的贴纸呢?"

"哎呀,我忘记了!"我拍着脑袋,才想起来,我在小圆早上去上学时,答应下班后买贴纸给她。可是一加班,我就忘了这事儿。

"你忘记买啦?"小圆急得要哭了,指着我说,"你现在给我去买!"

"可是现在商店都关门了,我明天给你买,好不好?"我无奈地说。

"我不管!你现在去买,你现在去买。"小圆一边说一边哭,一屁股坐在了地上。她在地板上来回滚,边滚边哭,边哭边骂。

"骗子!你骗我!你说好给我买贴纸的。"小圆歇斯底里地号哭着,声音大得惊人。我想去哄她,刚刚想抱她,她就对我拳打脚踢,把我挠得到处是伤。

我远远地站在一旁,让她哭闹。过了足足10分钟,大概她也哭累了。我轻轻地走过去,拍拍她那因抽泣而颤抖的背,然后抱着她。

见她情绪逐渐平缓,我问:"爸爸不对,忘记买了,我向你道歉,那你说怎么办吧?"

小圆说:"那你明天给我买吧,明天千万不要再忘记了啊。"

"嗯,爸爸答应你。"我俩摸摸彼此的脸,哈哈大笑起来。

愤怒的孩子就是一只小怪兽,那一刻,他们的语言攻击可达战斗力十级。他们愤怒的时候,比平时说话的声音更响亮、更急促,冒出一大堆充满情绪的话,骂得父母毫无招架之力。

他们的语言攻击的升级版是大声吼叫,完全不亚于一阵飓风,能将房屋夷为平地。愤怒的他们通过吼叫,把不满和愤怒等情绪猛烈地发泄出来，使父母炸毛。

更厉害的是他们的行为攻击。如果语言攻击不能缓解他们的愤怒，他们就会上升到行为攻击。通过拳打脚踢、撕扯咬人等带有暴力和报复的行动，表达他们强烈的不满和无法抑制的激动情绪。

愤怒的他们还会用剧烈的攻击去展示自己的愤怒，比如对家具、玩具、他人发起攻击，还有些孩子在愤怒时甚至会虐待小动物、欺负比自己弱小的孩子。

当然，他们也会打滚耍赖。疯了似的在地上打滚，附带着令人抓狂的哭闹。有的孩子在愤怒时，甚至还会自残，拿东西打自己的头，像无赖一样地说："你们不要管我，让我受伤好了。"

还有的孩子会使用"冷暴力"，比如将自己关在房间里，或者长时间不说话，之后再借机报复。

愤怒的孩子极具攻击力，同时智商也在线。假如斗起来，家长一定会憋出内伤。

每当孩子发脾气时，有些事情家长千万别做，不然只能起到反作用。

别讲道理。跟发脾气的孩子讲道理，是没有用的，他们根本听不进去，反而会觉得父母不理解自己。

别冷处理。孩子发脾气时，如果父母不管、不问、不搭理，只会让孩子觉得父母好冷漠，根本不爱自己，孩子的内心会极度缺乏被爱的感觉。

别讨好。讨好发脾气的孩子，只会助长他们的坏脾气，他们会变本加厉地用发脾气来控制父母。倘若以后有不满意的时候，他们就会发脾气，以此来要挟父母。

别以暴制暴。孩子发脾气时，如果父母发更大的脾气，就是一个典型的负面处理方式，这样会让孩子习惯用暴力解决事情，还会挫伤孩子的自尊与自信，使他们缺乏安全感。

发脾气的孩子是可以变成温柔的小可爱的。

家是一个共同体，如果家人的关系很疏远，让人没有安全感，让人感觉不舒服，孩子就容易出现坏情绪。

父母要做的，就是和孩子建立亲密友好的关系。

和孩子在一起时，不要总是父母占主动位置，而孩子处于被动位置。适当地变孩子为主动，变父母为被动。

当孩子主导家人之间的互动时，父母要给他们竖起大拇指，鼓励他们，孩子会很开心，下次也会更愿意在家人的互动中占据主动位置。

我每天晚上有一个小时的时间，一对一地陪伴小圆。我和她一起玩，一起说故事，她帮我敲背，我给她按摩，我俩都感觉特别温暖。

我俩建立了亲密的关系后,当我情绪不好的时候,小圆会说:"爸爸,你好像不开心啊,跟我说一下,我给你出出主意。"

父母要接纳并尊重孩子的情绪,不能通过打压、忽视或者说教去压制孩子的坏情绪。

有一次,小圆的坏情绪爆发了。她坐地上哇哇大哭,我安抚她的情绪,说:"小圆,你有什么伤心事?说出来就好了。"

她说她很生气,她觉得我爱奶奶超过爱她,心疼奶奶超过心疼她。

我告诉她,我爱她,也爱奶奶,这种爱是一样的,因为她们都是我最亲爱的人。

通过那次经历,她感觉很治愈。她可以把自己的真实想法说出来,而且得到了温暖的反馈。

不打压孩子的坏情绪,并接纳他们的坏情绪,慢慢地,孩子的脾气就退了。因为孩子的情绪是有记忆的,他们能通过一次好的经历,使下一次的坏情绪不会那么容易爆发,他们也会学习到,如果别人有了同样的坏情绪,他们可以做些什么来舒缓他人的坏情绪。如同看黎明的天空一般,有的人看到黑夜将太阳层层压住,眼里就只有黑夜;而有的人却看到了黑夜后面的光明,眼里全是光芒。

父母看孩子,也是如此。

对孩子来说,他们没有好的办法来处理自己的坏情绪,糟糕的情绪就会无限放大,父母还会觉得孩子喜怒无常。

对父母来说,自己的情绪管理能力是高于孩子的,那么就需要作为情绪容纳方,给孩子多一点耐心和包容。

孩子发脾气,并非在找父母的麻烦,他们只是表达自己的不满或是不安,愤怒或是抗议,想唤起父母对他们的关注。发脾气的他们就像小刺猬一样,身上带刺,更需要爱的呵护和一个抱抱。

小刺猬有些刺是正常的,当父母这样想的时候,真的会心疼孩子。

在孩子发泄完情绪之后,父母要真诚地关心孩子,帮他们擦干眼泪,给他们一个拥抱。

父母这样做的时候,不管孩子接受还是不接受,都不重要,重要的是父母的关心,他们能感受到父母真诚的爱。

如果父母无法陪伴孩子的情绪,就无法进入孩子的内心。

若是遇见发脾气的孩子,请父母好好抱抱他们。然后告诉孩子,爸爸在,妈妈在,不要害怕。

别做"乖小孩"

小圆想要一条裙子,作为儿童节的礼物。

她一直想要一条粉红色的泡泡裙,像公主一样,她可以穿着转圈圈,然后在小伙伴面前展示她的世界上最漂亮的裙子。

我和老婆一起在购物网站上挑选小圆的裙子,实在太多选择了,我俩挑花了眼。款式要新颖,质量要过关,价格要合适,选了半天,最后选了两条。一条是很蓬松的泡泡裙,一条是比较简单的泡泡裙。打算先买这两条,等小圆试穿后,留一条,退一条。

收到裙子后,我们小心翼翼地拆开,小圆分别试穿了一下。果然,蓬松的那条确实好看一些,像个很大的公主裙,下摆又大又厚。可是我和老婆都觉得太不实用了,这么厚的裙子,穿不了几次,不好打理也很难清洁。而简单的那条泡泡裙就很实用,也方便打理。

我们就和小圆说,留下简单的那条泡泡裙,并说明了选择的理由。小圆委屈巴巴地看着那条蓬松的裙子,摸了好几次,说:"那好吧,退了这条吧。"

结果,小圆就穿了一次我们选择的那条裙子,之后再也没穿过。

后来我问她:"小圆,你怎么不穿那条裙子呢?"

她说:"因为我不是很喜欢啊。"

原来,为了满足我和老婆的要求,她勉强自己做了一个乖孩子。

可是,她内心不喜欢。

一个周末的午后,一群小朋友在小区的草坪上玩飞盘。他们把飞盘扔得很远,大人们就帮他们把飞盘捡回来。捡回来后,小朋友一扔,飞盘又飞得很远。

小圆看见飞盘落在远处,和我说:"爸爸,我去捡,我想和他们一起玩。"

我点点头,小圆就快速地把飞盘捡了过来,交给其中一个小男孩。谁知那个小男孩又一甩手,飞盘又飞得很远,并对小圆说:"你去捡。"

小圆对那个小男孩说:"这次我捡回来后,让我来扔,好不好?"

那个小男孩说:"可以。"

小圆很快把飞盘捡了回来。谁知那个小男孩一把抢过飞盘,说道:"这是我的飞盘,我来扔。"

小圆也不示弱,说:"你说话不算话,说好我捡回来就让我扔的。"

旁边几个大人看见此状,都笑眯眯着说,小圆可真凶。

如果这时,我说"小圆乖啊,把飞盘还给他,我们走吧",结果会如何?

明明是那个小男孩欺负人,他说话不算话,为什么小圆要乖呢?

小圆抢过飞盘,并把飞盘扔了出去,对小男孩说:"自己去捡吧!"然后拉着我的手,说:"爸爸,我们去别的地方玩吧。"

我看了看那些吃惊的大人,礼貌地笑了笑,就和小圆去别的地方玩了。

经常有长辈对孩子说"你再淘气,我就不喜欢你了""你再这样做,我就不爱你了"。然后孩子无辜地眨着眼睛,眼神突然黯淡下来。

每次看到这一幕,我都心里一酸,仿佛看到幼年的自己。

有时候,孩子含着泪把自己心爱的玩具送给来做客的小朋友；有时候，尽管很馋眼前的蛋糕，一想到蛋糕很贵，孩子舍不得买，然后恋恋不舍地离开蛋糕店；有时候孩子过早开始成为一个小大人，承担了大人的责任。这样的时候，大人们是不是就形容这样的孩子乖、听话、懂事？

这是孩子听话乖巧吗？这只不过是孩子没有安全感。

这种"乖"，就是一种很深的绝望。因为孩子知道自己不会被关注，知道在困难时无法得到帮助。

于是，他们用"乖"让大人高兴。他们敏感地压抑真正的感受，努力做出那个"乖"的模样，让自己讨人喜欢。

"乖"，意味着失去自我，意味着讨好他人，意味着活在别人的评价标准里。

乖，不过是没有得到无条件的爱。

孩子要做一件"乖"的事情，是想要赢得父母的赞同，还是发自真心想要去做呢？如果仅仅是为了得到父母的赞同而去做个乖孩子，那在这个过程中，孩子始终不会真正开心。

如果自己的言行和自己的真实想法不统一，孩子会不接受真实的自己，一直在真实的自己和外界认可之间挣扎，内心变得拧巴和扭曲。还没有学会正视自己，孩子就先学会了承担，学会了忽视自己的需求。

这些被忽视的需求会让孩子的安全感和自我成就感变

得很低，不断地忽略自己的需求去满足他人来获得对自我的肯定，孩子也不可能有健康的人格。因为他们是活在别人的世界里，扮演着优秀而不开心的自己。

孩子自由地表达自己，表达自己感受到的美好和不安、希望和难过，才会获得真正成长的力量。

孩子，你不需要压抑自己，你应该自由地表达自己。

孩子，你不需要忽视自己，你应该勇敢地直面内心。

真正的长大，就是摆脱他人的期待，找到真正的自己。

所以，千万别再给孩子戴上"乖孩子"这个紧箍儿了。

孩子是一个独立的人，而不是父母的附属品，他们有形成自我的权利。

当孩子不是一味地"乖"，真实的内心得到满足，自然会有自我意识，变得独立而健康。

而父母能做的，是和孩子一起面对生活。无论是何种困难，用父母的能力和生活经验去引导孩子面对困难，直到孩子有了面对困难的勇气和解决问题的能力。

亲爱的宝贝，别做乖孩子，做个真实、勇敢、快乐的孩子吧！想笑就去笑，想哭就去哭。

愿孩子以后的生活：不为难自己，不辜负岁月。

"恐辅症",如影随形

辅导孩子做作业,付出了爱,家长们,你们收获爱了吗?

很多家长说,没收获爱,倒是收获了满满的恐惧。

这种恐惧,来自辅导孩子作业,也叫"恐辅症",蔓延在许多家庭中。只要开始辅导孩子作业,家长就控制不住情绪,或暴躁,或愤怒,严重影响亲子关系。

小圆自从上了幼儿园之后,虽说不像小学生有语文、数学这些文化课作业,但也不免会有一些七七八八的家庭作业,比如做手工、手势舞表演、画画、折纸,等等,都需要家长配合完成。

有一天,幼儿园要求孩子回家画一幅画,题目是"我们的幼儿园"。回到家,小圆坐在桌边发呆,问我应该画些什么。

我循循善诱,一遍一遍地向她说明如何作画。她还是继续发呆,不知道该怎么画。

我就想让她赶紧画完，然后可以早点洗漱，早点去睡觉。到了晚上八点，她依旧没画出东西，而平时她在这个时间点就要洗漱好去睡觉了。

我抑制住内心的怒火，说："小圆，你想画什么就画什么。我再给你二十分钟哦，到时间就要准备睡觉了啊！"

小圆发现时间不够了，就开始着急，让我帮她一起画。我说："这是你的作业，不是爸爸的，我不能帮你画，但我可以帮你出主意。"

在我的帮助下，小圆完成了这幅画。她画了一个开在天空的火车，火车上有小朋友的眼睛、嘴巴、帽子、衣服，既抽象又写实。

我没有选择责骂她，也没有打压她的积极性，因为我不用在意她的作业质量有多高、多精美，只让她发挥想象力，运用理解力，还有动手能力，就可以了。

辅导作业这种事，确确实实有点累。

我身边的朋友，他们的孩子大多上幼儿园或小学了，他们平时和孩子的关系也很好。但每当给孩子辅导作业的时候，他们就会控制不住自己的情绪，忍不住地凶孩子，有时还会拿起桌子上的戒尺来惩罚孩子。

许多岁月静好、云淡风轻的家长，只要一辅导孩子作业，立马就会血压升高，怒气攻心，"嘭！"原地爆炸。

孩子的作业变成了家长的心结。家长辅导孩子作业，变成了渡劫修行。辅导作业时，亲子关系犹如孙悟空和白骨精，家长恨不得一棒打死自己的孩子。

都说不做作业的孩子是天使，一做作业的孩子就是魔鬼。所以我的朋友们经常以工作忙为借口，逃避辅导孩子写作业，而把这个要命的任务丢给另一半。还有些朋友就把孩子送去培训班，让培训班来管孩子的作业。也有的人给孩子请了家教，来辅导孩子写作业。

这些人都说，一是不懂这些越来越难的作业；二是为了和谐的亲子关系；三是为了保命，这点最重要。

凡是辅导孩子写作业的家长，都有共鸣。

一个在上幼儿园的小女孩说3-3=3，她的妈妈教了她n遍，她的答案依然如此，她还振振有词，直接把她妈妈气得半死。

曾经有"陪孩子写作业，大人气到心脏装支架"的新闻报道，还有的家长辅导孩子写作业，被气到脑出血。

这些被辅导作业逼疯的家长，血压一个比一个高，脾气一个比一个火爆，面对一个又一个辅导作业的夜晚，真心觉得孩子就是来讨债的。

这一出出的人间悲喜剧，都是笑中带着滚烫的热泪。父母在辅导孩子作业的路途上责骂了孩子，也迷失了自己。

其实，为何父母要如此执着？就算赔了命，也要在辅导作业这条道上前赴后继？

因为，父母爱孩子。

一边爱着孩子，一边责备着孩子的"愚笨"，那种恨铁不成钢的焦灼，渐渐让父母得了"恐辅症"。

可是，错的是孩子吗？

在小圆上幼儿园之前，我和老婆达成共识，就是让孩子开心地玩。

小圆小的时候，我们也接触了一大堆的五花八门的早教。如果觉得适合自己孩子，就可以去试试。如果觉得没特别好的，还不如多和孩子平等地聊天，陪孩子愉快地游戏，和孩子一起观察这个世界。这样对孩子来说，比任何早教都强，家长也会很快乐。

孩子上幼儿园的前两年，家长不用焦虑，可以多陪陪孩子，多给孩子读读书，和孩子多磨磨耳朵，和孩子一起做做手工，让孩子接触更多有趣的事物，打开孩子的好奇心和创造力。

家长一定要多和孩子聊天，除了能培养亲密的亲子关系，还能极大地提升孩子的理解能力和表达能力。

多和孩子真诚地聊天，多陪孩子快乐地玩耍，多做亲子共读。孩子上小学后，会表现出很大的优势，看图写话、应用题，都不在话下。这就是家庭环境的作用。

好奇心够，想象力强，比较爱折腾，动手能力强，这些比乖巧听话、作业完满更重要。

面对"恐辅症"，家长不能退缩，毕竟孩子是自己的，还是得迎难而上。

第一，给孩子一个最后期限，告诉他们，没按时做完的作业，就别做了。

比如，要求孩子晚上9点必须上床睡觉，时间一到，不管孩子有没有做好作业。家长就提醒他们，"快9点了，到点上床睡觉了哟"。就算他们一边看着父母，一边哭着想把作业写完，家长也不能让他们做了。谁让他们拖拉？就不给他们时间！

千万不要陪着孩子做到深更半夜，这绝对不是好的教育方式。

第二，要让孩子直面压力，不能替他们背锅。要让他们知道，自己的作业得自己负责，家长只是帮助辅导而已。

孩子写作业，有些家长几乎全包了。若是孩子做不完，还帮孩子骗老师,说孩子生病了或者作业本丢了之类的。这是绝对不可取的。

孩子作业没做好,要让老师去说孩子,这样他们就知道做不好作业的严重性,让他们知道做作业的责任是自己的,不是家长的,让他们为自己负责。

第三,放过自己,没必要做一个完美家长。

心理学研究表明,追求完美的人容易患抑郁症和焦虑症。

所以说,家长还是不要苛求孩子了,也不要苛求自己了,放自己一马吧。

多少家长吃力不讨好,付出了时间和心血,得到的却是更加暴躁的自己和更疏远的亲子关系。

张德芬说过:把你自己修好,孩子就没问题啦。

其实,孩子最需要的就是父母的全心接纳,仅此而已。

世间的美好,皆如雨后的彩虹,正如接受孩子的一切的父母。

第五章

家，也会有苦

"精神分裂"的孩子

我的一个朋友和父母的关系冷到了冰点。

有多冰呢？他从不想自己的父母，也不回家看望父母。他自己说，他对父母没有情感，只想逃离。

我觉得这很奇怪，他的父母培养他，直到他考上名牌大学，在他身上花了那么多心血。可他和父母的关系怎么就差成这样呢？

他和我说，小时候，他爸爸对他非常严格。如果他考得不好，爸爸对他便是一顿暴揍；要是他淘气顽皮了，爸爸对他也是一顿暴打。

在家里，他爸爸是绝对的权威，一家人都要听他爸爸的，而且没得商量。

有一次，他爸爸叫他去小店里买啤酒，玻璃瓶装的那种，他买了啤酒，却在回家的路上不小心摔了一跤，啤酒瓶被摔碎了，他被碎玻璃扎伤了。回到家，他爸爸见他摔碎了啤酒瓶，用棍子狠狠地打了他一顿。

而后，在学校，他被老师教导要感恩。老师还举行了感恩活动，要学生向父亲鞠躬，表达感恩之情。

"如此可笑的父亲，如此可笑的学校。"他的语气满是轻蔑。

我问他，他的妈妈是怎么样的。他告诉我，他妈妈，逆来顺受，任劳任怨，每次他被爸爸打，他妈妈只是在旁边哭，若是帮他，他爸爸会连他妈妈一起打。

父亲严苛又强势，母亲软弱而温柔，这种"严父慈母"，让他对家充满了恐惧和不安，也让他有了心理疾病。

有一部电视剧叫《虎妈猫爸》，是讲家庭教育的。

剧中的毕胜男是一个对女儿期望值过高而过度要求女儿的狠角色，堪称标准的"虎妈"，严厉之风令人敬而远之。

为了女儿茜茜能上第一小学，毕胜男花光了家里的积蓄，卖掉了宽敞的现有住房，搬入破旧的学区房。得知入住学区房满一年，孩子才能上重点小学，她硬生生让女儿推迟一年上学。

与"虎妈"的严苛相比，"猫爸"是慈父的代表。"猫爸"秉持"快乐教育"的理念，对孩子进行个性化教育，对孩子比较宽容，与孩子保持较多的沟通，给予孩子更多的自主权。

电视剧临近大结局时,"虎妈"和"猫爸"冷战,濒临离婚,茜茜在外公的逼迫下努力学习。有一次,茜茜因睡眠不足,失足从楼梯上摔了下去,然后便不开口说话,被诊断为儿童抑郁症。

父母对孩子的养育方式不统一、相互撕扯,又有强势的父母一方非常严苛,这无疑会给孩子造成很大的精神压力。

一旦孩子觉得压力巨大,就会没有安全感。

2021年3月的《中国国民心理健康发展报告(2019—2020)》指出,随着年龄、年级的提高,青少年的专业心理求助态度逐渐变得消极,高中生的专业心理求助态度明显比初中生和小学生更消极。因此,我觉得,青少年的心理健康素养要从低年级抓起,孩子们在遇到心理问题时,越早向专业人员求助,越容易拥有有效解决心理困扰的经验,到了高年级也会更愿意寻求专业方式去解决问题。

有抑郁倾向的孩子数量,比我想象的要多很多。这些抑郁的孩子,有很多是父母不在身边的留守儿童,也有的是父母无心教育的孩子,还有的是在家长专制的家庭中成长的孩子。

一个极端家长制的家庭里，往往有个"权力狂"，这个人极力向下施加压力，让别人服从于他。因各种资源掌握在这个人手中，家庭成员只能纷纷顺从，最后精神最弱小的就成了这个权力结构的终端受害者。

终端受害者一般是孩子，孩子的精神会很苦闷，他不能向家人诉说他的恐惧，没有一人会支持他。相反，大家都说爱他，并说"权力狂"的一切行为都出于爱他。

孩子发现自己的痛苦没有一个人能理解，而且所有人都觉得他不该痛苦，他应该快乐，并感恩"权力狂"。

这时，孩子会将自己的痛苦驱逐到内心一个极度被压缩的角落，后果是他的内心也处于"极端分裂"中。

这份痛苦，是孩子生命中的最大真相，它不能被忽视。

于是，孩子很可能患有心理疾病，感受有限的自主性，也可能有社交障碍。

生活在这种环境里的孩子，无法习得有效的沟通方式和技巧，也不会真实地表达自己的想法。要么变得自闭内向，要么变为表演型人格。

中国的很多父母都是牺牲型的，这些父母觉得只要孩子好，自己牺牲一些没什么。他们会觉得自己是爱孩子的，孩子就不该有痛苦，不该有难过。他们一旦在生活中遇到困难，就会想到"我为你牺牲了这么多，你却不争气"，孩子没有达到他们的要求，他们就会很生气且难过。

这种生气和难过，就会成为一种控制的手段，因为它能让孩子有罪恶感。"牺牲"的父母就站在道德高地来指责孩子，以达到自己控制孩子的目的。

最后，孩子觉得很憋屈，很压抑，甚至精神分裂。

父母用牺牲让孩子产生内疚感。这种内疚可能会让孩子做出道德受虐的行为。孩子感到内疚并为此感到痛苦的时候，会采取一些对自己的精神或者肉体进行攻击或虐待的行动，来缓解内疚和痛苦，这些孩子常常会自我谴责或拒绝享乐。

出于对父母的爱，孩子有时会抑制自己的愿望和爱好，放弃自己的选择，从而屈从于父母的愿望。

这种痛苦的选择，会压抑孩子对生活的热情和对人生的乐趣。

要孩子真的成为他们自己，父母要做的无非就是尊重，真正意义上的尊重。

倾听孩子的话，让孩子自己做选择，就算孩子的选择和规划与父母心中所想完全不一样，父母也要用心倾听。

"看见"孩子的痛苦与感受，确认孩子的痛苦与感受是多么真实，作为父母，不要无视孩子的痛苦与感受，更不要粗暴地评判孩子的痛苦与感受。

"精神分裂"的孩子往往是善良的，这些孩子非常爱自己的父母。因为他们愿意撕裂自己来满足自己的父母。

所以，父母们，不要让我们最爱的孩子为了我们的虚荣与自私而深陷痛苦，而要让我们的孩子被理解、被尊重、被感受。这就是我们给予孩子最好的爱。

"鸡娃",无孔不入

"鸡娃",没有最"鸡",只有更"鸡"。这话一点都不夸张。我身边的朋友几乎都卷入了"鸡娃"风暴。

"鸡娃",意思是父母给孩子"打鸡血",安排各种学习,让孩子赢在起跑线上。几乎没有父母不知道这个词。

"双减"前后,不管是北上广深这样的一线城市,还是二三线城市,乃至小县城,教育焦虑一直缠绕着每一个家庭。

"双减"前,我朋友的儿子在上幼儿园之前,朋友就给孩子报了学前班,每天的课程安排是:8:30 — 8:50读绘本;9:00 — 12:00依次为阅读基础、数学思维、英语、国学这四门课程;14:00 — 14:35专注力训练;14:55 — 15:30音乐、体能等课程。

书包都背不动的孩子,就开始被"鸡"。

"双减"后,我身边的朋友也没有停止"鸡娃"。

我的一个女性朋友的女儿在上幼儿园小班,她早早地搜寻了很多家培训机构，经过多方打探和实地走访，她选定了现在这家在当地颇有些名气的机构，报了表达、思维和口语这三项，其实就是语文、数学和英语，换汤不换药。幼儿园一放学，她直接把女儿送进培训机构。两个学期的学费、餐食费等费用，约3万元。

还有些朋友在孩子上幼儿园期间，给孩子报了很多兴趣班，比如合唱、绘画、语言艺术、舞蹈、模特、古筝和围棋；等孩子进入小学阶段，就让孩子主动选择自己想学的。每一项兴趣班一年的费用都超过6万元。

经济条件更好的朋友就给孩子请一对一的家教，一般一小时花费400元，如果是乐器、马术、高尔夫，等等，家教费更贵。

就算在烧钱，但只要感觉孩子能学到很多东西，家长也就感觉自家孩子赢在了起跑线上。

平时在一些社交平台上，我最容易浏览到的内容就是家长的"鸡娃"事迹。其中有一个家长分享了自己的"鸡娃"时间表，孩子5岁，在上幼儿园中班。孩子每天7：00—22：00被规划得满满当当，包括中英文阅读、识字等，比如：周一晚饭后，孩子需要上一个小时的英语课，半个小时的架子鼓和做半个小时的英语作业，独立阅读一篇英文绘本里的故事,并在睡前阅读10分钟的成语故事、古诗或诗集。

现实中这样的案例比比皆是。我这个佛系家长也实实在在地被影响了,大家都在"鸡娃",我不"鸡",能行吗?

于是我决定,开始"轻度鸡娃"。

我买了一些古诗和算术的书,开始教小圆背古诗、做算数。我一个朋友的儿子和小圆年纪相当,他现在已经能背几百首唐诗宋词了,还会做二十以内的加减法。

我自认为,我好歹是优秀教师,自己女儿可不能被别人甩得很远。可是我越"鸡",小圆越不喜欢,当我功利地教她时,本来她平时知道的诗和算术,反而都懒得学。

"鸡"她,我收效甚微。

大家都"鸡娃",就形成了内卷。

对于"内卷",有一个生动的解释:在大剧院里,原本所有人都是坐着欣赏演出。然而,前排的一名观众突然站了起来,后排的观众无法看到,就被迫站了起来。于是,到最后,所有人都被迫站着看完了演出。"坐票"就这样变成了"站票"。

网上有一篇文章说,一开始所有的娃都是"放养娃",当中间出现一个"鸡娃"时,他的收益是巨大的,这样就出现了更多的"鸡娃",而当所有家长都"鸡娃"的时候,就没有人再敢去放养了。因为好大学、好工作永远是稀缺资源,只要有竞争,"鸡娃"就一定是家长的首选,不可能采用放养了。

就像滚雪球一样,当一部分家长主动"鸡娃",在他们的影响下,有一部分"佛系"的家长被动参与到"鸡娃"的竞争中,尽管倍感无奈,但他们也不希望自己的孩子在这场竞争中被早早淘汰。

很多家长一开始说自己绝对不会"鸡娃",声称让孩子过好自己的平凡幸福生活就好,但亲眼看见旁边的人都在"鸡娃",慢慢也会变得疯狂。

"鸡娃"这个话题也是大家特别关心的,如果在中年人的聚会上一时找不到聊天的突破口,那么尝试一下"如何鸡娃",肯定能打开不少人的话匣子。

期望,就是通往地狱之路。

家长对孩子的期望越高,就越想改造孩子。最后却发现,这是一场艰难而错误的选择。

无法接纳孩子,就是无法接纳自己。家长对孩子的期望是家长自己内心的投射,所以家长一定要认清并接纳自己。

每一个孩子都在奔赴自己的前程,而家长,也在争先恐后地走上育儿赛场,欢笑有之,焦虑有之。这是一段父母与孩子共同成长的历程,但也终将是一条充满差异的道路。

对于胜负心很强的"鸡娃"父母来说,孩子的优异让他们很有成就感。每一次孩子在学习成绩上的卓越,就是父母对自己一次一次的肯定。

而学习是个正向循环,"鸡娃",最终应该满足的不是父母的面子,而是满足孩子的成长。从掌握新知识,不断通关,肯定自己,到渴望更难,努力掌握新知识,经过这个过程,孩子激发了自己的内驱力。

"鸡娃",应该是为了让孩子能够形成正确的自我定位,还有正面的自我认知,给孩子提供挖掘自己和打开自己的渠道,给他们多一种选择的可能。

父母不应拿孩子跟自己做比较,所有人都拥有各自的精彩人生。

要知道,人生的评价标准是"我是否感到幸福",而不是"我比谁更成功"。

孩子的人生不只是学习成绩优异、考上好大学,他们应该成为自己想要成为的任何样子。家长只需要陪孩子一起了解自己,探索世界。这就足够了。

对于孩子，再苦也要自己带

没有哪个家庭的生活是容易的。月亮和六便士，哪能全都给你？

小圆出生后，我妈从老家来帮忙，白天带娃。下班后，我和老婆带娃。

带过娃的人都知道，带小孩的头几年有多累。孩子饿了要喂，拉了要换尿布，哭了要哄，几乎时时刻刻要陪着孩子。

带娃，比上班可真的累太多了。

我妈不放心我爸一个人在老家，在小圆九个多月大的时候，我妈把小圆带回了老家。我和老婆在省城上班，周末就回老家看他们。

孩子在老家，我和老婆特别想念，但也实在没有办法。我妈年纪大了，一个人带孩子，我们也很担心她的身体。

既放心不下孩子，又放心不下老人。

这样的日子持续了将近一年。我爸摔断了腿的时候，我和老婆商量好，把小圆接回了我们身边，并请丈母娘过来看顾小圆。

在我丈母娘帮忙带小圆的日子里，我老婆开始准备心理咨询师的考试，她想转型做心理咨询的工作，因为这个职业的时间安排比较自由，她能在工作的间隙带孩子。为了支持老婆的选择，晚上她准备考试，我就承担了带娃和哄睡的任务。正是这段时间，我体会到了，带娃真的太累了，我妈和丈母娘太伟大了。

心理学的研究表明，在孩子3岁之前，是孩子与父母建立爱、亲密与安全的关系的关键期。对孩子来说，妈妈的哺乳，父母的拥抱、抚摸和亲吻，是任何人和事都无法替代的。

孩子在切断脐带的那一刻起，由于离开了熟悉的环境，心理状态是极其恐惧的。而父母对孩子细心敏感的照顾，无时无刻的拥抱、抚摸，可以让孩子感受到熟悉的环境和心跳，让孩子感到爱，并安心。

孩子3岁之后，是父母在孩子心目中建立权威、信用和值得依恋的关键期，而依恋来自陪伴，藏在父母和孩子共同度过的每个瞬间里。陪孩子一起读书、一起游泳、一起画画、一起旅行，孩子对父母的亲密、依恋、信任，就在不知不觉中建立起来了。

在孩子生命最初的关键几年，能够得到父母的爱与陪伴，大多更有安全感，心智更健康。从小由父母养育的孩子，往往更容易与父母建立亲密关系，能更顺畅地接纳父母对自己的教育。

尽管带娃辛苦，但还是要自己带。孩子应该在父母身边成长，父母用自己的养育方式来养育孩子。

两辈人的带娃观念，肯定是有摩擦和矛盾的，比如，什么时候给孩子添加辅食，如何添加；该不该给孩子喂饭，要不要让孩子独立睡觉，等等。我和老婆自己带孩子，凡事亲力亲为，很多家庭矛盾就根本不会产生。我们该给孩子吃婴儿米粉就买婴儿米粉给她吃，该让孩子自己吃饭就教她自己吃饭，该让孩子独立睡觉就锻炼她独立睡觉。

孩子再小，也已经是一个完整的人，而非一个什么都不懂、只知道吃喝拉撒的小动物。如果父母忽视了孩子的完整人格教育，就会心安理得地去伤害孩子，从而忽视孩子的心理需求。有时候，关于孩子的事情，父母需要和孩子商量。

对于孩子，我和老婆有了完整的养育空间。

亲手养育孩子,很辛苦,但这不仅是孩子的需求,也是父母的需求。

有人说养孩子是"甜蜜的负担",而我觉得,养孩子不算"负担",应该是"甜蜜的辛苦",因为一切都是值得的。

对孩子真心实意地付出,这对父母来说,是一种完全不同的体验,父母不会觉得心力交瘁,也不会因为放弃了一些工作机会而愤愤不平,当然也不会因为生活的艰辛而感叹生活。

因为,这样的付出是完全不求回报的。父母是听从自己的心在做事,因为他们知道,这样的付出对每个人都好,包括对自己,对伴侣,对父母,对孩子。

有了孩子之后,人们会突然发现,生命中最好的事已经发生了,剩下的只是重复和老去,时间流淌,一天一天,一年一年。而孩子会冲走重复,让生活变得未知。养育孩子,会让父母有烦恼,有牵挂,有惊奇,有欢喜。

养育孩子,让人们再经历了一次童年,明白了当年自己父母的心境,看到童年时的自己的勇敢、好奇、窘迫、不安,从而更好地了解自己,并接受自己。

父母养育了孩子,孩子也陪伴了父母。父母和孩子之间是彼此滋养,彼此成就,且在匆匆时光里,让家庭对未来都有了期盼。

英国作家黛安·伦曼斯在其作品《如果我能再次养大我的孩子》中写道：
如果我能再次养大我的孩子，
我会先建立自尊，再决定盖房子。
我会多用手指来画图，少用手指来指。
我会少教训，多沟通。
我会少用眼睛看表，多用眼睛看世界。
我会注意少知道一点，但知道多关心一些。
我不再扮演严肃的角色，且认真地玩，
我会跑到更多的原野看更多的星星。
……

可惜的是，孩子的成长只有一次，而且不能回转，更不能重来。

孩子早期的成长，不仅仅是智力成长，也是个性成长，是身体和心理的共同成长。

成为父母，是一件很辛苦的事，但孩子带给父母的幸福和满足，是任何事情都比不过的。

当父母自己带孩子的时候，才能慢慢走进孩子的内心，才能让孩子内心温暖，且有安全感，才能让孩子一生都有爱的能力和被爱的底气。

宝贝,你要弟弟妹妹吗?

小圆舅舅家有两个小孩,弟弟总是黏着姐姐,姐姐总是护着弟弟。有时候小圆也去玩,三个小朋友在一起,吵吵闹闹的,但也是亲亲热热的。

我会问小圆:"你想要弟弟妹妹吗?"

小圆看着我,说:"那你们会不会爱弟弟妹妹,就不爱我了?"

我看着小圆的眼睛,很认真地对她说:"就算有弟弟妹妹,我也超爱你,对你的爱,一点都不会少。"

小圆抱着我,说:"嗯,我相信你,爸爸。"

人们现在养孩子的成本确实挺大,我的很多朋友在纠结要不要二胎,在难以抉择的情形下,他们就会问家里的孩子。

"爸爸妈妈给你生一个弟弟或者妹妹,好不好呀?"

征得孩子的同意后,他们才会放心地生二胎。

其实,"要不要二胎"这个问题,选择权属于父母,而不是孩子。父母把生二胎的决定权交给孩子,就是把责任转嫁给了孩子。

从表面上看,这是尊重孩子的感受,但背后的逻辑是:既然听从了孩子的意见,孩子就应当为我们负责。

也有些父母自己都没想好到底要不要生二胎,也没有做好这方面的各种准备,却把孩子推到了问题的最前面,"我们不想生的哦,是你要弟弟妹妹啊!"

对于要不要生二胎,决定权在于父母,孩子只有知情权。

养育小圆,真的令我们身心憔悴。我们一点一点地把她养大,付出了很多时间和心血。

正因为我们经历过,所以知道,生养一个孩子有多累,多辛苦。

我们担忧不知怎么同时照顾好两个孩子,尤其是担心自己不能公平地对待两个孩子。我们也害怕自己应付不了养育两个孩子要面临的经济困难,以及生活中各种突发的无法预测、无法掌控的问题。

而且,如果家里有两个孩子,又会出现全新的问题:

老大和老二的日常就是争东西、吵架、打架;

家里经济条件有限,钱花在两个孩子身上,生活会不会很窘迫？

给孩子买东西，没有做到公平，他们会觉得自己被不公平对待；

带孩子出去玩，要同时带两个去，不能只带一个；

一个人成绩好，一个人成绩差，怎么一视同仁？

父母精力有限，兼顾不到两个孩子的情绪，他们会不会感觉被忽视？他们会不会离家出走，逃学，以死相逼？

他们会不会互相敌视，手足相残？

……

未知就代表着失控。

对父母来说，照顾两个孩子是一个挑战，照顾好两个孩子是一个更大的挑战。

经常有老人说，我们这一辈的人都太矫情、太认真、太讲究，以前他们生养五六个孩子，也都养大了，也都健健康康的。

他们没说错，他们是把孩子都养大了，可孩子的内心如果没有安全感，感受不到父母的爱与温暖，就要用一生来弥补自己的童年创伤。

养育两个乃至三个孩子，父母要耗费的时间和精力是难以想象的。父母都想拥有三头六臂，同时照顾好每一个孩子。因为每一个孩子都是上天给父母派来的天使，都值得获得完整的爱。但带孩子的时候，父母的耐心会被磨掉，可能会冷落了某个孩子的心，甚至还会对孩子进行批评或指责。

对于二胎或者多胎家庭，比偏心更可怕的，是父母没意识到自己的偏心。当父母的，很难做到一碗水端平，虽然内心是想让孩子拥有平均的爱和时间，但现实中总是有这样或那样的无奈和叹息。

如果想要二胎，父母唯一要做的就是给老大足够的爱与引导，并用行动告诉他，父母有足够的爱与能力，给予他充足的爱，有足够的信心和他一起成长。

如果做好了要二胎的准备，就需要和老大真实地表达以下三点：

第一，父母爱家里的每一个人。

如果有了老二，刚出生的小宝宝很娇弱，需要父母投入很多的时间和精力来照顾老二，就像他刚出生的时候一样，父母也是投入很多的时间和精力来照顾他。父母会用爱他的方式，继续爱老二。每一个家人，我们都要好好去爱。

第二，一家人要相互鼓励。

如果有了老二，家里就多了一个成员，父母需要分散一部分精力来照顾老二，可能会有忽视或冷落他的地方，对此呢，父母要对他表示抱歉。但要表达清楚，父母是很爱他的，很重视他的感受，如果他有对父母不满意的地方，要随时表达出来，提醒父母。如果他能这样做，父母要及时给他回应和鼓励，还要给他一个大大的、深情的拥抱。

第三，举行爱的仪式。

告诉他，有了老二后，父母对他的爱不会变少，而是变得更多、更浓郁了。父母可以举办一个表达爱的仪式，先准备四只蜡烛，两只稍长，两只稍短，分别代表父母和两个孩子；然后和他一起，依次点燃蜡烛，告诉他，蜡烛的火焰就代表增加的"爱"。父母通过这个仪式告诉他，家里迎来了老二，爱，就更多了。

能充分理解父母表达的情感后，绝大多数孩子就能做好迎接弟弟妹妹的心理准备，父母要让孩子永远记住：

他不用急着去长大，也不用急着去懂事，他依旧是父母的心头肉。

在奔流不息的漫长光阴中，兄弟姐妹的真情会为残酷冷漠的现实举起一把伞，为彼此遮风避雨。

在这个充满竞争、人情冷漠、功利的时代，父母最重要的不是给他留下多少金钱和房子，而是给他留下一个亲人。

　　血缘的微妙与神奇就在于，在他惶恐不安时，在他伤痛得撕心裂肺时，那个与他流着一样血的兄弟姐妹，可以让他瞬间获得勇气和力量，而这种力量是温暖又强大的。

养娃,观念大战

人间不会有单纯的快乐,快乐总是夹杂着烦恼和忧虑。

在养娃的问题上,夫妻之间有不同的意见,和上一辈有不同的意见,一家人的出发点都是为了孩子,都付出了时间和心血。育儿观念不同,最终却伤害了家人之间的感情。

现在的家庭孩子少,孩子往往是家庭的中心,大家的关注点都在孩子身上,每个人都有自己的一套育儿理念,而且都觉得自己有理。大家一起育儿,自然会产生分歧,矛盾大了之后,还会吵架。

我和老婆也常常因为养育孩子产生不同的观点。

有一次,小圆想吃饼干,问我:"爸爸,我可以吃饼干吗?"

我说"可以"。

老婆听了,对小圆说:"别吃了,马上就要吃饭了。"

小圆就哭着说:"爸爸说可以的!"

老婆看了我一眼，对小圆说："我说了，不可以。"

那个时候，我该怎么办呢？

我得划清界限，也要真实地表达自己的想法。同意孩子吃饼干，这是我真实的表达；老婆要是不同意，我也不插嘴，更不强迫老婆同意我的做法，这是划清界限。如果老婆同意，这是皆大欢喜的局面；

可老婆不同意，小圆很可能会哭着来找我，要是我擅自同意孩子可以吃，那和老婆就不在统一战线了。

我需要真正界限清晰的做法是倾听孩子，因为那刻小圆是有情绪的，她有未被满足的需要，所以她处在情绪区。孩子处在情绪区，父母应该做的就是倾听，而不是自己跳进情绪区，跟家人吵架。

我对小圆说："我是同意的，不过爸爸很尊重妈妈，妈妈的意见也很重要，你可以问问妈妈。"

老婆对小圆说："马上就要吃饭了，我担心你吃完饼干就吃不下饭。"

小圆对妈妈说："那我先吃一块，吃完饭再吃一块，怎么样？"

倾听孩子的想法，邀请孩子一起解决分歧。

几乎我身边所有的年轻父母都吐槽过父辈带娃，尤其

第五章 家，也会有苦

是和父辈住在一起的。老人辛辛苦苦帮忙带孩子，但他们的观念和自己的不一样，觉得他们的方法有问题。沟通不当时，肯定就有冲突。

父辈溺爱孩子。他们对孩子的爱，真的是无条件的。父母就担心那样会宠坏孩子。

比如，在我家，大家在晚上刷过牙之后，就不吃东西，所以我对小圆也是这样要求的，她刷过牙就不允许她吃东西。可我妈会打破我定的规则，我是不是应该制止？

有一个晚上，小圆已经刷完牙，我正在给她讲故事。我妈走进房间，小声地问道："你们要不要吃哈密瓜啊？"

"爸爸，我好想吃啊。"

"可你已经刷过牙了。"

我妈听小圆想吃，就跑出房间，利索地切开了哈密瓜，张罗着大家吃瓜。

小圆委屈巴巴地看着我。

我看了看她渴求的小脸，说："那一会儿你吃完再刷一次牙，可以吗？"

小圆点点头，开心地跑去奶奶那里去吃瓜，还对我说："爸爸，快来啊，哈密瓜可甜了。"

"那给我留一块啊。"

夏夜，我们一家人享受着香甜的哈密瓜。虽然我妈破坏了我定的规则,但这种氛围是很幸福和美好的。

和孩子想好方法,让大家都开心,也是不错的选择。

我妈很宠小圆,我以前一直很担心这样会宠坏小圆。后来我看到一篇文章,叫《奶奶宠溺过的孩子,是加倍幸福的孩子》,文章说:"老人是最有时间和心境来无条件、无底线地爱小孩的,让老人和孙辈相爱,是他们人生的共同需要。"

我妈是个特别温和、善良的人,她特别疼爱小圆,小圆和她的感情也好得不得了。她俩在一起,总是笑眯眯的,一起做家务,一起玩。

我妈会给小圆编织各种好看的毛衣,还会给小圆做手工,小帽子、小手套,都是美美的。

小圆最爱吃炸小鱼,我妈就会很早起来,去集市买来新鲜的小鱼,回家后先去鱼鳞和鱼内脏,然后放入油锅里,炸到金黄、酥脆。小圆闻到那个香味,就蹦蹦跳跳地跑过去要吃。

只要小圆喜欢,我妈都会去做。只要孩子高兴,我妈从来都是有求必应。对于我和老婆都不允许的事情,孩子在我妈这里获得允许,我们大多数时候就假装不知道,假装没看见。

我妈的这些宠爱，给了小圆一个出口，给了她一个释放天性、撒撒娇、出出格的机会。

如果不是我坚持的原则问题，我妈对小圆宠爱，就让她宠吧。我也想起小时候，我外婆对我独特的宠爱，我也会很想念我的外婆。

这种祖孙情，会让我觉得特别温暖。

很多朋友觉得，一致性是家庭教育的基本原则。他们总是担心，父辈和自己的教育方式和观念不一致，会误导孩子，害了孩子。他们觉得，如果大家在孩子的教育上存在分歧，要等孩子不在场时统一好意见，然后再去处理孩子的问题。

观念不同，真的是洪水猛兽吗？

我讲一个因小圆穿衣而闹的笑话：我妈带小圆时，冬天的时候，总是给小圆穿很多衣服，怕小圆感冒。老婆带小圆时，主张给孩子穿少一些，以免身上出汗。小圆却对我说："奶奶说我冷冷冷，妈妈说我热热热，其实我刚刚好！"

看！我们有分歧的时候，孩子有自己的判断力。

那些说"全家意见要一致，不然大人就会没有威信"，把大人置于管教者的位置，把孩子置于被管教者的位置。

如此，孩子就没有表达意见的机会。家长缺乏对孩子的尊重，忽略了孩子也有自己的感受力和判断力。

当家人因为养育孩子存在分歧时，要鼓励所有人表达出自己的意见，并且真诚地说清楚自己的理由，千万别忽略了孩子的感受，分歧也就不会扩大成矛盾了。

要相信，孩子不会因为全家人一致的严格要求而完美无缺，却会因为平和淡然、轻松幸福的家庭氛围而受益终身。

老婆看见我妈追着小圆喂饭，当小圆不在场时，用非指责性的语气向我妈坦陈自己的想法："妈，您中午追着小圆喂饭时，我有点担心，一方面怕小圆吃得太多了，过度喂养；另一方面也怕饭菜凉了，您吃不好饭，弄坏了您的身体！"

不当着孩子的面阻止我妈喂饭，这是界限清晰；用非指责性语气表达自己的想法，这是真实地表达自己。说开了后，还有什么矛盾不能化解呢？

家人在养育孩子的问题上有不同的观点，可以通过平等、尊重的方式进行沟通。即使无法沟通，不同的观点也是可以共存的。允许和尊重不同家庭成员的养育方式和养育风格，就会少一些争执和纠结。

尊重分歧，也是对每个人的尊重。我们对待分歧的态度，比分歧本身更重要。孩子也会在这个过程中学会不惧权威、不逆本心、不强迫他人。

养育焦虑,快走开

面对生活重负和精神重压,就算一时崩溃了,也要攒足一些力气,再一头扎进生活。

哪个人养育孩子不是披星戴月?养孩子,身心俱疲是常态。

有一次,小圆发烧了。半夜,老婆隔一段时间就给孩子量一下体温,如果超过一定的温度,就要给孩子喂药。生病的小圆总是哭闹,要妈妈抱。那几天,老婆很累,整个人都不舒服。晚上,老婆在我旁边叹息,和我说,她的情绪很糟糕,她很焦虑。我轻轻地拍着她的背,希望她可以休息一会儿。我感受到了正在紧紧缠绕着她的焦虑,她需要为这个情绪找个宣泄口。

自从有了小圆,我们的压力确实更大了。

各种冲突强烈地冲击着她,育儿的焦虑、职业的焦虑、家庭的焦虑、生活的焦虑,交织在一起,她像陷入了一个深渊,无力,也无奈。

第五章 家，也会有苦

我非常理解老婆的焦虑，因为我也有同样的焦虑。

在小圆2岁的时候，老婆要准备心理咨询师的考试，每晚都是我带娃和哄睡，半夜还要安抚小圆。长此以往的不断起夜行为严重影响了我的睡眠，我感觉很烦恼，甚至是愤怒。我也觉得委屈，白天上班时累死累活，下了班还要带娃哄睡，我的心中就出现了一大片"乌云"。

那种焦虑，使我痛苦。我越是与之抵抗，就越深陷于痛苦之中，且在痛苦衍生的怨恨中层层下坠。

渐渐地，我想，我们总是要面对养育的焦虑。毕竟，对父母来说，养娃就是一种修炼。

要驱赶心中的那片"乌云"，只能靠自己。

首先，要真正接纳心中的焦虑，内心形成一股稳定的能量来支撑育儿的痛苦，不让那种痛苦压垮自己。

然后，从抵触到辨证，再到容忍，与焦虑和平相处。

最后，为孩子的成长而心动，从育儿的焦虑中逆袭，内心变强，我们会更加温柔。

在养娃的过程中，父母会因为孩子没有达到自己的期待感到焦虑，会因为身心被掏空感到抑郁，会因为得不到理解和关心而感到委屈。

育儿时，父母产生不好的情绪，再正常不过了，但不要被坏情绪吞噬；要清楚地知道自己为什么而焦虑，并学着与焦虑共处；要觉察自己的情绪，时刻有意识地去体验自己的感觉、感受和想法；要知道自己没有办法控制焦虑的产生，却可以选择面对痛苦的态度。

只有这样，父母才可能拨开育儿的迷雾。

焦虑的时候，抬头看看日月吧。天地之间，有树，有花，有草，有艳丽，有素淡，有盛放，有含苞。

日月之爱，默默陪伴，静静等待。

孩子是父母的复印件。

作为父母，育儿焦虑的时候，我们有没有想过，带娃其实就是带小时候的自己。

孩子会无理取闹，会调皮捣蛋。因为孩子，我们会累、会生气、会烦躁、会焦虑；可是，我们是知道的，孩子的一颦一笑、神态举止，甚至连一些微小的动作，多像当年的我们。

基因的力量就是如此强大，孩子就像我们的种子。就算一对双胞胎在刚出生就被分开，在不同的环境中长大，他们的性格还是会非常相似。

聪明、乖巧的孩子自然更能得到父母的疼爱，不听话的孩子也自然会让家长更烦躁。孩子的表现不同，家长的焦虑也有所不同。我们的焦虑看上去是来源于孩子,其实是来源于我们自己。

父母是美好的,孩子便是美好的。

我看过一篇文章,叫《自从把小孩当植物来养后,整个人都好多了》,文章看似插科打诨、嬉笑怒骂,其实蛮有道理。文中有这样的描述:

如果你把小孩当植物养,就只能接受——每种植物都有各自的好。

有些小孩能力超强,志向远大。这样的小孩是榕树,树大根深,盘虬卧龙。你没办法养在花盆里、留在身边,只能把他移到家外,让他自由生长。

有些小孩成绩一般,孝顺体贴。这样的小孩是草莓,花不惹眼,但果实味美。哪怕不能拿出去争奇斗艳,却甜入人心。

有些小孩性格不好,能力也不强。这样的小孩是狗尾巴草,看着不美观,《本草纲目》记载,狗尾巴草可以做药草。

天生我材必有用。找对合适的舞台,每样植物都有它展示才能的机会。

亲生的娃,就是老板家的花。既不能扔,也没得挑,便只能好好养,尽力去发现小孩的优点和长处。

不跟别人比,只跟自己比。哪怕今天比昨天多长了一片叶子,也算是进步。

生命和未来属于植物自己,说到底,咱们都只不过是个干活的园丁。

哪个脑子正常的人,会跟一盆植物天天生气呢?

年纪大了,保住老命要紧!

产后抑郁,有娃的都懂

小圆刚出生的时候,我有过一段短暂的抑郁期。

家庭身份的突然转变,让我有些不知所措,我总想全身心去照顾老婆和宝宝,可是常常事与愿违,弄得自己疲惫不堪,觉得自己特别糟糕。

老婆睡觉比我睡得沉,我很容易醒,小圆哭了,我总是先于老婆被吵醒。怕影响老婆的睡眠,我会快速地将哭泣的小圆抱起来哄,先是检查宝宝体温、尿布,确定都没问题后,就给宝宝温奶、喂奶。久而久之,在这方面,我就积累了经验,知道宝宝哭闹是因为她饿了,只要喂了奶,她就会安静下来。

可有一次,小圆浑身绷紧,不停地扭动并挣扎身体。无论我如何安抚,她依然那样。我怕影响老婆休息,就抱起小圆,去客厅哄她。我怀疑是肠痉挛,就尝试着"飞机抱",轻轻拍打小圆的背部,她的哭闹声小了一些,但还是没有停止,我只好一直维持那个姿势。过了很久,小圆才在我怀里睡着了。我长长地舒了一口气，好想瘫在沙发上，可小圆还在我怀里，我怕弄醒她，只好控制着身体和情绪。看着窗外漆黑的夜，我仿佛跌入深海，一直在沉溺，往下，往下，不能呼吸。

没多久，我变得特别容易焦虑、容易发火，和小圆长时间待在一起的话，一听到哭声，就想逃离，然后就觉得自己是一个不合格的老公，是一个不合格的爸爸。

我查阅资料后才发现，原来像我一样的产后抑郁的爸爸，有那么大一群。

电视剧《请回答1988》中有一句旁白："上帝知道自己不是无所不能的，所以才创造了妈妈。"

母亲这一角色承载了太多的责任。当子宫里开始孕育一个小小的生命，想到孩子呱呱坠地后开始的一切，所有的恐惧和不安就自然而然地涌向了母亲。

最糟糕的是，母亲的这些痛苦，大部分时候要独自承受。产后抑郁，在我老婆身上更加明显。

我老婆太累了，哄睡和喂奶就是两项大工程，尽管我会一起做，但她一定是最操心的，因为她自己生下来的宝宝，无时无刻不牵动着她的心。

产假结束后，老婆回银行工作，还要在工作的间隙找个隐蔽的地方，用吸奶器吸奶。中午的空档，总会溜回家看看宝宝。

上班和带娃，成了老婆想极力调和的一对矛盾。没多久，老婆变得非常自闭，不想说话，陷入家庭和职场的惶恐，做什么事都提不起劲，但又得逼着自己去带娃、去适应角色的变化、去做一切事情。

单纯说养育小孩，做妈妈的就比做爸爸的承受的压力要多很多，加上生完孩子身体上发生的变化，妈妈们更容易有产后抑郁。如果还有工作的压力、婆媳的矛盾、丈夫的缺位，她们该怎么办？

我身边很多朋友有了宝宝之后，就有各种产后抑郁。而宝爸宝妈们见面的话题一定是围绕宝宝。

"如果孩子大哭不止，我要怎么办？"

"我该如何与孩子相处？若是沟通不来，怎么办？"

"我要怎么做一个让孩子喜欢的妈妈？"

得了产后抑郁的朋友，都有很多共性。

他们会变得胃口不佳，就算是平时爱吃的人，也会没有食欲，体重明显下降。

如果是第一次当爸爸妈妈，他们会对育儿生活缺乏信心，整日忧心忡忡，精神涣散，思维缓慢。进而无法融入正常生活，对于之前的生活习惯和模式，包括饮食、睡眠和工作，感觉很陌生，容易感到疲乏，易怒。

他们总是有不明确的焦虑，有一种无法用语言表述的痛苦与无助感，经常失眠。

他们对自己的评价总是消极的，如果发生挫折，他们就会把全部责任归咎于自己，甚至还有自杀的念头。

我们前行于漫长岁月中，逐渐会变得从容与淡定。

新晋宝爸宝妈们，一旦发现自己长时间出现情绪低落与绝望感后，就需要迫切地做一些事情，寻求社会支撑，以便自己走出产后抑郁的阴影。

比如，和好友倾诉，或者参加积极健康的团体运动，千万不能将注意力一直集中在坏情绪上，不然会深陷其中，然后无限放大，进入死循环。有实验证明，运动或休闲娱乐可以刺激大脑边缘，有信任的倾诉对象，有规律的饮食结构，可以刺激体内激素的提升。

面对家庭新角色，需要降低对自己和宝宝的期望，期望越大，失望越大，自己尽力就可以了。不要觉得自己没有能力胜任爸妈的角色。几周之后，自然就会适应自己的新角色。

面对社会角色，话语权需要靠自己争取，在工作上或许不能像过去一样精力充沛，但育儿领域又是一片疆土，用心总结自己的育儿经验，跟身边的朋友一起分享，能促进朋友间的交流，既能为自己排解烦忧，又可以积累新的知识。

除了社会支撑，更多的还是要依靠自己走出产后抑郁。

不要离群索居，不要总是一个人待着。变换眼前的风景，能营造好心情，至少每天离开屋子一次，抱着宝宝到公园里散步，晒晒太阳，看看花草，都能让心情好起来。

对自己好一点。花点时间把自己收拾一下，把自己打扮得帅气、漂亮，能让自己感觉更好。妈妈们更要确信，相比年轻女性，自己会更有韵味，魅力不会减弱。要感谢宝贝带给自己新的生命体验，相信自己能比过去更好。

和爱人享用一次浪漫晚餐、看场电影。要把自己放在第一位，明白自己值得被珍爱。

多运动。运动可以帮助释放内啡肽，是最自然的帮助自己开心的方式之一。妈妈们可以加入产后健身班，或者在家看着视频练习，运动可以舒缓情绪，让自己快乐起来。

偶尔吃点想吃的零食、蛋糕或巧克力。美食总能让我们快乐，只是不要吃得太频繁，因为糖类会造成血糖值快速升高。

如果想大哭一场，就哭吧。释放完了难过的情绪，就要让自己快乐地笑一场，笑声是最好的解药。比如，坐下来看一部喜剧，让自己笑一笑。或者培养一个爱好，做一些小小的善事，列一个"感激清单"，都是不错的办法。

产后抑郁就像日出、日落一样，是一种自然现象。我们要正视它，它的影响是短暂的，是可以克服的，它不过是我们生命中的一个小章节罢了。

唯有我们自己，才可以真正动摇产后抑郁的根基。继续努力生活，努力反击困难，找回快乐自信的自己，因为家人，因为爱，我们要珍惜生命，珍惜生活。

月亮在慢慢变圆，事情也会慢慢变好，对吧？